Dr. Jaerock Lee

Teruskan Berjaga-jaga dan Berdoa

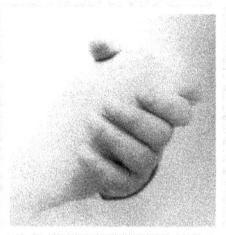

*Sesudah itu [Yesus] kembali kepada ketiga pengikut-Nya
dan mendapati mereka sedang tidur, dan berkata kepada Petrus,
"Tidakkah kamu sanggup berjaga-jaga
satu jam dengan Aku?
Berjaga-jagalah dan berdoalah
supaya kamu jangan jatuh ke dalam pencubaan;
roh memang penurut, tetapi daging lemah."
(Matius 26:40-41)*

TERUSKAN BERJAGA-JAGA DAN BERDOA oleh Dr. Jaerock Lee
Diterbitkan oleh Urim Books (Presiden: Johnny. H. Kim)
235-3, Guro-dong3, Guro-gu, Seoul, Korea 152-848
www.urimbooks.com

Semua Hak Cipta Terpelihara. Keseluruhan atau sebahagian buku ini tidak boleh diterbitkan semula dalam apa jua bentuk, disimpan dalam sistem dapatan semula, disebarkan dalam apa jua bentuk atau dengan apa jua cara, biarpun secara elektronik, mekanikal, fotokopi, rakaman atau lain-lain cara, tanpa dahulunya memperolehi kebenaran bertulis daripada penerbit.

Hak Cipta © 2010 oleh Dr. Jaerock Lee
ISBN: 979-11-263-1147-7 03230
Hak Cipta Penterjemahan © 2007 oleh Dr. Esther K. Chung.
Digunakan dengan kebenaran.

Dahulunya diterbitkan ke dalam bahasa Korea oleh Urim Books pada tahun 1992

Pertama Kali Diterbitkan Pada Februari 2007

Disunting oleh Dr. Geumsun Vin
Direkabentuk oleh Biro Editorial Urim Books
Untuk maklumat lanjut hubungi urimbook@hotmail.com

Mesej Penerbitan Ini

Sebagaimana Tuhan memerintahkan kita untuk terus-menerus berdoa, Dia juga mengajar kita dalam banyak cara mengapa kita harus berdoa secara berterusan dan memberi amaran kepada kita untuk berdoa supaya kita tidak jatuh ke dalam pencubaan.

Sama seperti pernafasan tidak sukar bagi seseorang yang berada dalam keadaan kesihatan yang baik, individu yang sihat rohani mendapati ia adalah perkara yang biasa untuk hidup dengan Firman Tuhan dan berdoa secara berterusan seperti biasa. Ini kerana apabila seseorang sering berdoa, dia akan menikmati kesihatan yang baik dan segala-galanya akan berjalan lancar untuknya, malah jiwanya juga sentiasa tenang. Oleh itu, kepentingan berdoa amatlah penting.

Seseorang yang nyawanya telah luput tidak dapat bernafas melalui lubang hidungnya. Dengan cara yang sama, seseorang individu yang rohnya telah mati tidak boleh bernafas secara rohani. Dalam erti kata lain, roh manusia dimatikan disebabkan dosa Adam, tetapi mereka yang roh mereka telah dipulihkan oleh Roh Kudus tidak boleh gagal berdoa selagi roh mereka masih hidup, sama seperti kita tidak boleh berehat daripada bernafas.

Orang beriman yang baru sahaja menerima Yesus adalah seperti bayi baru lahir. Mereka tidak tahu bagaimana berdoa dan lebih cenderung untuk merasa berdoa itu meletihkan. Namun, kalau mereka tidak berputus asa dalam bergantung pada Firman Tuhan dan terus tekun beroda, roh mereka akan berkembang dan menjadi lebih kuat apabila mereka berdoa bersungguh-sungguh. Mereka ini akan menyedari bahawa mereka tidak boleh hidup tanpa berdoa, sama seperti tiada sesiapa yang boleh hidup tanpa bernafas.

Beroda bukan sahaja nafas rohani kita tetapi satu saluran untuk berdialog di antara Tuhan dan anak-anakNya, yang mesti sentiasa kekal terbuka. Hakikat bahawa perbualan telah terputus di antara ramai ibu-bapa dan anak-anak mereka dalam keluarga moden hari ini adalah satu tragedi. Perasaan saling percaya telah musnah dan hubungan mereka adalah satu formaliti semata-mata. Walau bagaimanapun, tiada perkara yang kita tidak boleh cerita kepada Tuhan.

Tuhan kita yang Maha Kuasa adalah Bapa penyayang yang mengenali serta paling memahami diri kita, memberi perhatian paling rapi pada kita pada setiap masa, dan menginginkan kita bercakap dengan-Nya berkali-kali. Untuk semua yang beriman, doa adalah kunci untuk mengetuk dan membuka kunci pintu hati Tuhan yang Maha Kuasa dan merupakan senjata yang menjangkaui masa dan ruang. Bukankah kita pernah melihat, mendengar, dan mengalami sendiri sejumlah besar orang Kristian di mana kehidupan mereka telah berubah dan hala tuju sejarah dunia telah diubah akibat kuasa doa?

Sambil kita dengan rasa rendah diri meminta bantuan Roh Kudus ketika berdoa, Tuhan akan memenuhi kita dengan Roh Kudus, membolehkan kita lebih jelas memahami kehendak-Nya dan mentaatinya, dan membolehkan kita menewaskan musuh syaitan dan menang di dunia ni. Walau bagaimanapun, apabila seseorang gagal menerima bimbingan Roh Kudus kerana dia tidak berdoa, dia akan mula-mula lebih bergantung pada pemikiran dan teori sendiri dan hidup dalam kedustaan yang bertentangan dengan kehendak Tuhan, dan ia akan menjadi sukar untuk dia untuk menerima penyelamatan. Sebab itu Al-Kitab di dalam Kolose 4:2 memberitahu kita, "Bertekunlah dalam doa dan dalam pada itu berjaga-jagalah sambil mengucap syukur," dan di dalam Matius 26:41, "Berjaga-jagalah dan berdoalah, supaya kamu jangan jatuh ke dalam pencubaan: roh memang penurut, tetapi daging lemah."

Sebab mengapa Yesus anak tunggal Tuhan dapat menyempurnakan segala pekerjaan-Nya menurut kehendak Tuhan adalah kerana kuasa doa. Sebelum Dia memulakan penginjilan awam-Nya, Tuhan kita, Yesus berpuasa selama 40 hari dan menunjukkan contoh kehidupan berdoa dengan berdoa bila-bila masa Dia boleh walaupun ketika penginjilan tiga tahun-Nya.

Kita dapati ramai orang Kristian menyedari kepentingan berdoa, tetapi ramai daripada mereka gagal menerima jawapan Tuhan kerana mereka tidak tahu bagaimana untuk berdoa sesuai dengan kehendak Tuhan. Saya telah lama sangat kecewa melihat dan mendengar daripada individu-individu seperti ini, tetapi saya amat gembira dapat menerbitkan sebuah buku mengenai doa berdasarkan lebih 20 tahun berkhidmat dan pengalaman peribadi saya.

Saya berharap buku kecil ini akan menjadi bantuan yang besar kepada setiap pembaca dalam menemui dan mengalami Tuhan, dan menjalani kehidupan beroda yang berkuasa. Semoga setiap pembaca berjaga-jaga dan terus berdoa supaya mereka dapat menikmati kesihatan yang baik dan semoga kehidupannya berjalan dengan baik serta rohnya juga dalam keadaan baik saya berdoa dengan nama Yesus Kristus!

Jaerock Lee

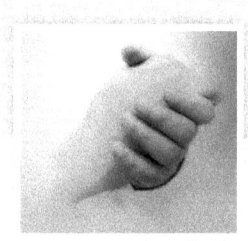

Isi Kandungan
TERUSKAN BERJAGA-JAGA DAN BERDOA

Mesej Penerbitan Ini

Bab 1
Minta, Cari, dan Ketuk • 1

Bab 2
Percaya bahawa Anda telah Menerimanya • 21

Bab 3
Jenis Doa yang Menyenangkan Tuhan • 35

Bab 4
Supaya anda Tidak Jatuh ke dalam Pencubaan • 57

Bab 5
Doa Berkesan Seseorang yang Beriman • 73

Bab 6
Kuasa Hebat Doa dalam Persetujuan • 85

Bab 7
Sentiasa Berdoa dan Jangan Putus Asa • 101

Bab 1

Minta, Cari, dan Ketuk

"Mintalah, maka akan diberikan kepadamu;
carilah, maka kamu akan mendapat;
ketuklah, maka pintu akan dibukakan bagimu.
Kerana setiap orang yang meminta, menerima,
dan setiap orang yang mencari, mendapat,
dan setiap orang yang mengetuk, baginya pintu dibukakan.
Adakah seorang daripada kamu memberi batu kepada anaknya,
jika ia meminta roti?
Atau memberi ular,
jika dia minta ikan?
Jadi jika kamu yang jahat tahu memberi pemberian yang baik
kepada anak-anakmu,
apalagi Bapamu yang di syurga
Dia akan memberikan yang baik kepada mereka yang meminta
kepada-Nya!"

(Matius 7:7-11)

1. Tuhan Memberikan Ganjaran yang Baik kepada Mereka yang Meminta

Tuhan tidak mahu anak-anakNya merana akibat kemiskinan dan penyakit tetapi inginkan urusan dalam hidup mereka untuk berjalan dengan baik. Namun, kalau kita hanya berdiam diri tanpa sebarang usaha, kita tidak akan mendapat apa-apa. Walaupun Tuhan mampu memberikan kita segala-galanya di dalam alam semesta ini kerana alam semesta ini adalah milik-Nya, Dia mahu anak-anakNya meminta, mencari, dan mencapai dengan sendiri sama seperti pepatah yang berbunyi, "Anda akan menyusu bayi yang menangis."

Kalau ada seseorang yang ingin menerima segala-galanya sambil hanya berdiam diri, dia tidak berubah-ubah seperti bunga yang ditanam dalam sebuah kebun. Betapa tawarnya akan hati ibu bapa jika anak-anak mereka berkelakuan seperti tumbuh-tumbuhan tidak bergerak dan menghabiskan sepanjang hari di atas katil tanpa membuat usaha untuk menjalani kehidupan mereka sendiri? Sikap seperti ini adalah seperti seorang lelaki malas yang membuang masanya berdiri di bawah pokok buah menunggu buah jatuh ke dalam mulutnya.

Tuhan mahu kita menjadi anak-anakNya yang bijak dan tekun serta bersemangat meminta, mencari, dan mengetuk, sekali gus menikmati rahmat-Nya dan memberikan kemuliaan kepada-Nya. Kerana ini lah Dia perintahkan kita untuk minta, cari, dan ketuk. Tiada ibu bapa yang akan berikan batu pada anak mereka apabila anak mereka meminta roti. Tiada ibu bapa yang akan berikan ular pada anak mereka apabila anak mereka meminta ikan. Sejahat mana pun ibu bapa itu, dia masih ingin memberikan yang terbaik kepada anaknya. Tidakkah anda terfikir bahawa Tuhan kita – yang begitu mengasihi kita sehingga membenarkan satu-satunya Anak Tunggalnya mati demi kita – akan memberikan anak-anakNya pemberian yang baik apabila mereka meminta?

Dalam Yohanes 15:16 Yesus memberitahu kita, "Bukan kamu yang memilih Aku, tetapi Akulah yang memilih kamu. Dan Aku telah menetapkan kamu, supaya kamu pergi dan menghasilkan buah dan buahmu itu tetap, supaya apa yang kamu minta kepada Bapa dalam nama-Ku, diberikan-Nya kepadamu." Ini adalah janji bersungguh-sungguh Tuhan kasih sayang yang Maha Kuasa supaya apabila dengan tekun meminta, mencari, dan mengetuk, Dia akan membuka pintu-pintu syurga, merahmati kita, dan juga mengabulkan keinginan hati kita.

Berdasarkan petikan yang bab ini diasaskan, marilah kita belajar bagaimana untuk meminta, mencari dan mengetuk dan menerima segala-galanya yang kita meminta daripada Tuhan supaya ia menjadi kemuliaan yang hebat kepada Tuhan dan kegembiraan yang hebat untuk kita.

2. Minta dan Ia Akan Diberi kepada Anda

Tuhan memberitahu semua orang, "Minta dan ia akan diberikan kepada anda," dan inginkan semua orang menjadi orang yang dirahmati yang menerima semua yang mereka minta. Jadi untuk apa, Dia suruh kita meminta?

1) Minta Kekuatan Tuhan dan Melihat Wajah-Nya

Tuhan, setelah menciptakan langit dan bumi dan semua di dalamnya, menciptakan manusia. Kemudian diberkatiNya manusia dengan memberitahu mereka supaya beranak cucu dengan banyak; supaya mendiami seluruh muka bumi; serta menguasai ikan-ikan, burung-burung, dan semua binatang lain yang liar.

Setelah manusia pertama Adam mengingkari Firman Tuhan, dia kehilangan segala rahmat tersebut dan bersembunyi daripada Tuhan apabila mendengar suara Tuhan (Kejadian 3:8). Sebagai tambahan, manusia yang menjadi pendosa telah berjauhan dengan Tuhan dan didorong ke laluan kemusnahan dengan menjadi hamba musuh syaitan.

Untuk para pendosa ini, Tuhan kasih sayang mengutuskan Anak Tunggal-Nya Yesus Kristus ke bumi untuk menyelamatkan mereka, dan membuka pintu penyelamatan bagi mereka. Dan jika sesiapa menerima Yesus Kristus sebagai Penyelamatnya dan beriman pada nama-Nya, Tuhan mengampuni segala dosanya dan mengurniakan padanya hadiah Roh Kudus.

Tambahan pula, beriman pada Yesus Kristus membawa kita kepada penyelamatan dan membolehkan kita menerima kekuatan Tuhan. Hanya apabila Tuhan mengurniakan pada kita kekuatan dan kuasa-Nya, barulah kita boleh menjalani kehidupan yang salih dengan berjaya. Dalam erti kata lain, hanya dengan rahmat dan kekuatan daripada Tuhan, kita boleh mengatasi dunia dan hidup sesuai dengan Firman Tuhan. Dan kita perlu menerima kuasa-Nya untuk menewaskan syaitan.

Mazmur 105:4 memberitahu kita, "Carilah TUHAN dan kekuatan-Nya, carilah wajah-Nya selalu." Tuhan kita adalah "AKU ADALAH AKU" (Keluaran 3:14), Pencipta langit dan bumi (Kejadian 2:4), dan Pemerintah seluruh sejarah dan segala-galanya di dalam alam semesta dari permulaan dan selama-lamanya. Tuhan adalah Firman dan dengan Firman itu Dia menciptakan segala-galanya di dalam alam semesta dan oleh itu, Firman-Nya adalah kuasa. Kata-kata manusia sentiasa berubah, ia tidak berkuasa untuk menciptakan atau melakukan sesuatu. Tidak seperti kata-kata manusia tidak benar dan sentiasa berubah, Firman Tuhan hidup dan penuh kuasa, dan boleh membawa kepada kerja-kerja penciptaan.

Oleh itu, tidak kira betapa lemah seseorang itu, jika dia mendengar Firman Tuhan yang hidup dan beriman tanpa ragu-ragu, dia juga boleh membawa kepada kerja-kerja penciptaan dan mencipta sesuatu daripada kekosongan. Penciptaan sesuatu daripada kekosongan adalah mustahil tanpa seseorang beriman pada Firman Tuhan. Sebab itu Yesus mengumumkan kepada semua orang yang datang kepada-Nya, "Ia akan dilakukan untuk anda sepertimana anda percaya." Sebagai rumusan, meminta kekuatan daripada Tuhan adalah sama seperti meminta dia memberikan kita iman.

Jadi, apakah maksud "carilah wajah-Nya selalu"? Sama seperti kita tidak boleh dikatakan "mengenali" seseorang tanpa mengenali wajahnya, "mencari wajah-Nya" merujuk kepada usaha yang kita lakukan untuk menemui "siapa Tuhan." Ini bermakna mereka yang dahulunya mengelakkan daripada melihat wajah Tuhan dan mendengar suara-Nya kini membuka hati, mencari dan memahami Tuhan, dan cuba mendengar suara-Nya. Seorang pendosa tidak boleh mengangkat kepalanya dan berusaha berpalingkan muka daripada orang lain. Namun, setelah dia menerima pengampunan, dia boleh mengangkat kepala dan memandang orang lain.

Dengan cara yang sama, semua orang telah berdosa melalui keingkaran pada Firman Tuhan, tetapi jika ada yang diampuni dengan menerima Yesus Kristus dan menjadi anak Tuhan dengan menerima Roh Kudus, dia kini boleh melihat Tuhan yang diri-Nya adalah Penerang, kerana dia diisytiharkan sebagai salih oleh Tuhan yang salih.

Sebab yang paling penting Tuhan memberitahu semua orang untuk "meminta melihat wajah Tuhan" adalah kerana Dia mahu setiap daripada mereka - para pendosa - untuk berdamai dengan Tuhan dan menerima Roh Kudus dengan meminta melihat wajah Tuhan, dan untuk menjadi anak-Nya yang boleh datang bersemuka dengan-Nya. Apabila seseorang menjadi anak Tuhan Pencipta, dia akan menerima syurga dan kehidupan abadi serta kebahagiaan, yang merupakan rahmat yang terbesar.

2) Minta Mencapai Kerajaan Tuhan dan Kebenaran

Seseorang yang telah menerima Roh kudus dan menjadi anak Tuhan boleh menjalani kehidupan baru, kerana dia telah dilahirkan semula dalam Roh Kudus. Tuhan yang memandang satu jiwa lebih bernilai daripada keseluruhan langit dan bumi memberitahu anak-anakNya untuk meminta kerajaan-Nya dan kebenaran mengatasi segala yang lain (Matius 6:33).

Yesus mengingatkan kita seperti berikut dalam Matius 6:25-33:

Sebab itu ingatlah; janganlah khuatir tentang hidupmu, iaitu apa yang akan kalian makan dan minum, atau apa yang akan kalian pakai. Bukankah hidup lebih dari makanan, dan badan lebih dari pakaian? Lihatlah burung di udara. Mereka tidak menanam, tidak menuai, dan tidak juga mengumpulkan hasil tanamannya di dalam lumbung. Meskipun begitu Bapamu yang di syurga memelihara mereka! Bukankah kalian jauh lebih berharga daripada burung? Bukankah kalian jauh lebih berharga daripada burung? Siapakah dari kalian yang dengan kekhuatirannya dapat memperpanjang umurnya biarpun sedikit? Mengapa kalian khuatir tentang pakaianmu? Perhatikanlah bunga-bunga bakung yang tumbuh di padang. Bunga-bunga itu tidak bekerja dan tidak menenun; tetapi Raja Salomo yang begitu kaya pun, tidak memakai pakaian yang sebagus bunga-bunga itu! Rumput di padang tumbuh hari ini dan besok dibakar habis. Namun Tuhan mendandani rumput itu begitu bagus. Apalagi kalian! Tetapi kalian kurang percaya! Janganlah khuatir dan berkata, 'Apa yang akan kita makan', atau 'apa yang akan kita minum', atau 'apa yang akan kita pakai?' Hal-hal itu selalu dikejar oleh orang-orang yang tidak mengenal Tuhan. Padahal Bapamu yang di syurga tahu bahwa kalian memerlukan semuanya itu. Jadi, usahakanlah dahulu supaya Tuhan memerintah atas hidupmu dan lakukanlah kehendak-Nya. Maka semua yang lain akan diberikan Tuhan juga kepadamu.

Jadi, apakah yang dimaksudkan dengan "mencari kerajaan Tuhan" dan apakah "mencari kebenaran-Nya"? Dalam erti kata lain, untuk apa kita harus meminta mencapai kerajaan Tuhan dan juga kebenaran-Nya?

Untuk manusia yang sekain lama menjadi hamba kepada syaitan dan menuju kehancuran, Tuhan telah mengutus Anak Tunggalnya ke bumi dan membenarkan Yesus mati disalib. Melalui Yesus Kristus, Tuhan juga telah mengembalikan kuasa kita yang hilang dan dibenarkan kita untuk berjalan di atas jalan ke arah penyelamatan. Semakin kita menyebarkan berita mengenai Yesus Kristus yang mati untuk kita dan dibangkitkan semula, lebih lagi daya Syaitan dimusnahkan. Semakin banyak daya Syaitan dimusnahkan, lebih banyak jiwa-jiwa yang sesat akan mendapat penyelamatan. Semakin banyak jiwa-jiwa sesat yang mendapat penyelamatan, maka lebih luas kerajaan Tuhan menjadi. Jadi, "Mencari Kerajaan Tuhan" merujuk kepada berdoa untuk kerja-kerja penyelamatan jiwa-jiwa atau misi dunia, supaya semua orang boleh menjadi anak-anak Tuhan.

Kita dahulunya tinggal dalam kegelapan di tengah-tengah dosa dan kejahatan, tetapi melalui Yesus Kristus kita telah diperkasakan untuk tampil menghadap Tuhan yang Dirinya adalah cahaya. Kerana Tuhan bersemayam di dalam kebaikan, dan kebenaran, dan adalah cahaya, dengan dosa dan kejahatan kita tidak boleh tampil menghadap Tuhan atau menjadi anak-anak Dia.

Oleh itu, "mencari kebenaran Tuhan" merujuk kepada berdoa agar jiwa yang telah mati seseorang itu dihidupkan semula, jiwanya makmur dan menjadi salih dengan hidup berdasarkan Firman Tuhan. Kita perlu memohon kepada Tuhan agar kita boleh mendengar dan mendapat penyedaran oleh Firman Tuhan, keluar dari dalam dosa dan kegelapan dan tinggal di dalam cahaya, dan disucikan dengan mencontohi kekudusan Tuhan.

Menghentikan kerja-kerja daging berdasarkan pada kehendak Roh Kudus dan disucikan dengan hidup dalam kebenaran adalah mencapai kebenaran Tuhan. Selain itu, dalam kita meminta untuk mencapai kebenaran Tuhan kita akan menikmati kesihatan yang baik dan semuanya mungkin berjalan dengan baik untuk kita serta jiwa kita terus makmur (3 Yohanes 1: 2). Sebab itulah Tuhan perintahkan kita untuk mula-mula meminta untuk mencapai Kerajaan Tuhan dan kebenaran-Nya, dan menjanjikan segala-gala yang lain yang kita minta juga akan diberikan kepada kita.

3) Minta untuk menjadi pekerja-Nya dan melaksanakan tugas-tugas yang diberikan Tuhan

Jika anda meminta untuk mencapai kerajaan Tuhan dan kebenaran, anda mesti mula-mula berdoa untuk menjadi pekerja-Nya. Jika anda telah pun menjadi pekerja-Nya, anda mesti berdoa bersungguh-sungguh untuk menjalankan tugas-tugas yang diberikan Tuhan. Tuhan memberi ganjaran kepada mereka yang bersungguh-sungguh mencari Dia (Ibrani 11:6) dan akan memberikan ganjaran-Nya kepada setiap orang setimpal dengan apa yang mereka telah melakukan (Wahyu 22:12).

Dalam Wahyu 2:10, Yesus memberitahu kita, "Hendaklah engkau setia kepada-Ku sampai mati, dan Aku akan mengurniakan kepadamu mahkota kehidupan." Bahkan dalam kehidupan ini, apabila seseorang tekun belajar dia boleh menerima biasiswa dan memasuki kolej yang baik. Apabila seseorang bekerja keras dalam pekerjaannya, dia boleh dinaikkan pangkat dan menerima layanan serta gaji yang lebih tinggi.

Dengan cara yang sama, apabila anak-anak Tuhan yang setia melakukan tugas-tugas yang diberi Tuhan, mereka akan diberi tugas yang lebih besar serta ganjaran yang jauh lebih besar. Ganjaran di dunia ini tidak setanding dengan ganjaran di dalam kerajaan syurga baik dari segi saiz mahupun kemuliaan. Oleh itu, pada kedudukan masing-masing setiap di antara kita mesti bersungguh-sungguh dalam iman dan berdoa untuk menjadi Pekerja Tuhan yang berharga.

Jika seseorang belum lagi mempunyai Tugas pemberian Tuhan, dia mesti berdoa untuk menjadi pekerja kerajaan Tuhan. Jika orang itu telah diberikan tugas, dia mesti berdoa untuk melakukannya dengan baik dan mengharapkan tugas yang lebih besar. Seorang ahli biasa mesti berdoa untuk menjadi seorang paderi dan seorang paderi mesti berdoa untuk menjadi seorang pegawai kanan. Seorang pemimpin sel patut berdoa untuk menjadi pemimpin sub-daerah, pemimpin sub-daerah kecil untuk menjadi pemimpin daerah, dan ketua daerah untuk naik lebih tinggi dari itu.

Ini tidak bermakna seseorang itu perlu meminta gelaran pegawai kanan atau paderi. Ini merujuk kepada keinginan untuk setia melakukan tugasnya, memberikan yang terbaik dalam melaksanakannya, dan berkhidmat serta digunakan dalam kapasiti yang lebih tinggi oleh Tuhan.

Perkara yang paling penting bagi seseorang yang mempunyai tugas-tugas yang diberikan Tuhan adalah jenis kesetiaan yang membolehkannya mampu menjalankan tugas-tugas yang lebih besar daripada tugas dia pada waktu itu. Untuk ini, dia perlu berdoa supaya Tuhan memujinya, "Syabas, hamba yang baik dan setia!"

1 Korintus 4:2 memberitahu kita, "Yang akhirnya dituntut dari pelayan-pelayan yang demikian ialah, bahwa mereka ternyata dapat dipercayai." Oleh itu, kita semua mesti berdoa untuk menjadi pekerja setia Tuhan di gereja masing-masing, badan Kristus, dan juga di kedudukan masing-masing.

4) Minta nafkah harian

Untuk menebus manusia daripada kemiskinan, Yesus

dilahirkan miskin. Untuk menyembuhkan setiap penyakit dan ketidakupayaan, Yesus disebat dan menumpahkan darah-Nya. Oleh itu, adalah wajar kanak-kanak Tuhan menikmati kehidupan yang melimpah dan sihat, dan semua urusan dalam kehidupan mereka berjalan dengan baik.

Apabila kita meminta untuk mencapai kerajaan Tuhan dan kebenaran, Dia memberitahu kita semua ini juga akan diberikan kepada kita (Matius 6:33). Dalam erti kata lain, setelah meminta untuk mencapai kerajaan Tuhan dan kebenaran, kita harus berdoa untuk perkara-perkara yang perlu untuk hidup di dunia ini, seperti makanan, pakaian, rumah, pekerjaan, rahmat dalam pekerjaan kita, kesejahteraan keluarga kita dan sebagainya. Tuhan akan memenuhinya sepertimana Dia janjikan. Ingat bahawa kalau kita meminta perkara-perkara berdasarkan hawa nafsu dan bukan kerana kemuliaan Tuhan, Tuhan tidak akan kabulkan doa kita. Doa untuk keinginan yang berdosa tidak ada kaitan dengan Tuhan.

3. Carilah maka Kamu akan Dapati

Kalau anda sedang "mencari," ia bermakna anda telah kehilangan sesuatu. Tuhan mahu manusia memiliki "sesuatu" yang mereka telah kehilangan. Kerana Dia perintahkan kita untuk mencari, kita mula-mula mesti mengenal pasti apa yang kita kehilangan supaya kita boleh mencari "sesuatu" yang kehilangan itu. Kita juga mesti mengenal pasti bagaimana kita akan mencarinya.

Jadi, apakah yang kita telah kehilangan dan bagaimana kita harus "mencari" benda itu?

Manusia pertama diciptakan Tuhan adalah makhluk hidup yang terdiri daripada roh, jiwa, dan daging. Sebagai makhluk hidup yang boleh komunikasi dengan Tuhan yang merupakan Roh, manusia pertama menikmati segala rahmat kurniaan Tuhan dan mentaati Firman Dia.

Namun, setelah digoda oleh Syaitan, manusia pertama mengingkari perintah Tuhan. Dalam Kejadian 2:16-17 kita dapati, "TUHANberfirman memberitahu manusia, 'Semua pohon dalam taman ini boleh kau makan buahnya dengan bebas; tetapi pohon pengetahuan tentang yang baik dan yang jahat itu, janganlah kau makan buahnya, sebab pada hari engkau memakannya, pastilah engkau mati.'"

Walaupun keseluruhan tugas manusia adalah untuk takut pada Tuhan dan mentaati segala perintah-Nya (Penkhutbah 12:13), manusia pertama yang diciptakan tidak mentaati perintah Tuhan. Akhirnya, sebagaimana amaran Tuhan pada awalnya, setelah dia memakan daripada pokok larangan itu, roh di dalam diri dia mati dan dia menjadi manusia jiwa, dan tidak lagi boleh berkomunikasi dengan Tuhan. Sebagai tambahan, roh semua zuriatnya juga mati dan mereka menjadi manusia daging, dan tidak lagi boleh melaksanakan tugas mereka sepenuhnya. Adam dihalau keluar dari Taman Eden ke tanah terkutuk. Dia dan semua yang menyusulinya kini perlu tinggal dalam kesedihan, kesusahan, penyakit, dan hanya dengan hasil titik peluh barulah mereka boleh makan. Tambahan pula, mereka tidak lagi boleh hidup dengan cara yang sesuai dengan tujuan ciptaan Tuhan tetapi kerana mereka mengejar perkara-perkara yang tidak berfaedah berdasarkan pemahaman sendiri, mereka menjadi rosak akhlak.

Untuk seorang individu yang rohnya telah mati dan hanya tinggal jiwa dan daging hidup semula dengan cara yang selari sebagai ciptaan Tuhan, dia perlu memulihkan semula rohnya yang hilang. Hanya apabila roh mati seseorang dipulihkan, barulah dia menjadi manusia roh dan berkomunikasi dengan Tuhan yang merupakan Roh, dan dapat hidup seperti manusia yang sebenar. Kerana ini lah Tuhan perintahkan kita untuk mencari roh kita yang hilang.

Tuhan membuka laluan kepada semua orang untuk membangkitkan semula roh mereka yang telah mati, dan laluan tersebut ialah Yesus Kristus. Apabila kita beriman pada Yesus Kristus, sepertimana Tuhan telah berjanji, kita akan menerima Roh Kudus dan Roh Kudus itu akan datang tinggal di dalam diri kita, dan membangkitkan semula roh kita yang telah mati. Apabila kita mencari muka Tuhan dan menerima Yesus Kristus setelah mendengar Dia mengetuk pintu hati kita, Roh Kudus akan datang dan melahirkan roh (Yohanes 3:6). Apabila kita hidup mentaati Roh Kudus, membuang kerja-kerja daging, tekun mendengar, memahami, mengamalkan, dan berdoa berdasarkan Firman Tuhan, dengan bantuan-Nya kita boleh hidup dengan Firman-Nya. Inilah proses di mana roh yang mati dipulihkan semula dan orang itu menjadi manusia rohani dan mendapatkan semula imej Tuhan yang hilang.

Apabila kita ingin makan kuning telur yang bernutrisi tinggi, kita mula-mula perlu memecahkan kulit telur dan mengeluarkan putih telur. Dengan cara yang sama, untuk seseorang individu menjadi manusia rohani, kerja-kerja daging mesti dibuang dan dia perlu melahirkan roh oleh Roh Kudus. Inilah "mencari" yang disebut Tuhan.

Andai kata semua sistem elektrik di dunia dimatikan. Tiada pakar yang bekerja bersendirian dapat memulihkan semua sistem itu. Ia akan mengambil masa yang panjang untuk seorang pakar menghantar juruelektrik dan menghasilkan bahagian-bahagian yang diperlukan untuk elektrik dipulihkan di seluruh dunia.

Sama juga, untuk membangkitkan semula roh yang telah mati dan menjadi manusia rohani lengkap, seseorang itu perlu mendengar dan mengenali Firman Tuhan. Namun, mengenali Firman Tuhan sahaja tidak mencukupi untuk menjadikan dia manusia rohani lengkap, dia mesti dengan tekun menyerapkan, menerapkan, dan berdoa dengan Firman Tuhan supaya dia boleh hidup berdasarkan Firman Tuhan.

4. Ketuklah dan Pintu akan Dibuka untuk Anda

"Pintu" yang disebut oleh Tuhan adalah pintu perjanjian yang akan dibuka apabila kita ketuk padanya. Pintu jenis apakah Tuhan perintahkan kita untuk ketuk? Ia adalah pintu ke hati Tuhan kita.

Sebelum kita mengetuk pintu hati Tuhan kita, Dia telah mengetuk pintu hati kita terlebih dahulu (Wahyu 3:20). Justeru, kita membuka pintu hati kita dan menerima Yesus Kristus. Kini, adalah giliran kita untuk mengetuk pada pintu hati Dia. Kerana hati Tuhan lebih luas daripada langit dan lebih dalam daripada laut, apabila kita ketuk pada pintu hati-Nya yang tidak terukur itu, kita boleh menerima apa sahaja.

Apabila kita berdoa dan mengetuk pintu hati Tuhan, Dia akan membuka pintu-pintu syurga dan membanjiri kita dengan ganjaran. Apabila Tuhan, yang apabila membuka pintu tidak ada yang boleh menutupnya, dan apabila Dia menutup pintu tidak ada yang boleh membukanya, membuka pintu-pintu syurga dan berjanji untuk merahmati kita, tidak ada yang boleh menghalang kehendak dan rahmat-Nya (Wahyu 3:7).

Kita boleh menerima jawapan-jawapan Tuhan apabila kita mengetuk pintu hati Dia. Namun, bergantung pada beberapa banyak seseorang itu mengetuk pintu itu, dia boleh menerima rahmat yang besar atau kecil. Jika dia ingin menerima rahmat yang besar, maka pintu syurga mesti dibuka dengan luas. Oleh itu,, dia perlu membuka pintu kepada hati Tuhan dengan lebih tekun dan menyenangkan Dia.

Kerana Tuhan senang dan gembira apabila kita membuang kejahatan dan mentaati perintah-Nya dalam kebenaran, jika kita hidup berdasarkan Firman Tuhan, kita boleh menerima apa sahaja yang kita minta. Dalam erti kata lain, "mengetuk pintu hati Tuhan" merujuk kepada hidup mentaati perintah Tuhan.

Apabila kita dengan tekun mengetuk pintu hati Tuhan, Dia tidak akan memarahi kita dengan berkata, "Kenapa anda ketuk begitu kuat?" Sebenarnya yang sebaliknya berlaku. Tuhan lebih gembira dan ingin memberikan pada kita apa yang kita minta. Oleh itu, saya berharap anda akan ketuk pintu hati Tuhan dengan amalan-amalan anda, menerima semua yang anda minta, dan memanjangkan kemuliaan yang hebat kepada Tuhan.

Pernah tak anda menangkap burung dengan lastik? Saya masih ingat pernah mendengar salah seorang rakan ayah saya memuji kemahiran saya dalam membuat lastik. Lastik adalah alat yang direka dengan teliti mengukir sekeping kayu dan menembak batu dari gelang getah diikat di sekeliling sekeping kayu berbentuk Y.

Jikalau saya samakan Matius 7:7-11 dengan lastik, "meminta" merujuk kepada mencari lastik dan batu untuk digunakan menangkap burung. Kemudian anda perlu melengkapkan diri anda dengan keupayaan untuk menembak dengan tepat pada burung. Apa gunanya lastik dengan batu sekiranya anda tidak mahir menembak? Mungkin anda perlu membuat sasaran, biasakan diri anda dengan ciri-ciri lastik tersebut, berlatih menembak sasaran, dan menentukan serta memahami cara-cara terbaik menangkap burung. Prosesnya sama dengan "mencari." Dengan membaca, menyerapkan, dan menerapkan Firman Tuhan, sebagai anak Tuhan anda kini sedang melengkapkan diri anda dengan kelayakan-kelayakan untuk menerima jawapan Dia.

Sekiranya anda telah melengkapkan diri anda dengan kebolehan untuk menggunakan lastik dan menembak dengan baik, dan kini perlu menembak dan ini boleh disamakan dengan "mengetuk." Walaupun lastik dan batu telah disediakan, walaupun anda telah melengkapkan diri anda dengan kemahiran untuk menembak lastik itu, jika anda tidak menembak anda tidak akan dapat menangkap burung. Dalam erti kata lain, hanya apabila kita hidup berdasarkan Firman Tuhan yang kita telah terapkan dalam hati kita, barulah kita akan menerima apa yang kita minta daripada Dia.

Meminta, mencari, dan mengetuk bukannya proses-proses yang berbeza tetapi prosedur yang saling berhubung kait. Sekarang anda tahu apa harus diminta, apa yang dicari, dan apa yang diketuk. Semoga anda memuliakan Tuhan sebagai anak-Nya yang dirahmati apabila anda menerima jawapan-jawapan keinginan hati anda dengan tekun meminta, mencari, dan mengetuk dengan nama Tuhan kita saya berdoa!

Bab 2

Percaya anda telah menerimanya

Aku berkata kepada kamu, barangsiapa
berkata kepada gunung ini,
'Beranjaklah dan tercampaklah ke dalam laut,'
asal tidak ragu hatinya,
tetapi percaya, bahwa apa yang dikatakannya itu akan terjadi,
maka hal itu akan terjadi baginya.
Kerana itu Aku berkata kepadamu,
apa saja yang kamu minta dan doakan,
percayalah bahawa kamu telah menerimanya,
maka hal itu akan diberikan kepadamu.

(Markus 11:23-24)

1. Kehebatan Kuasa Iman

Satu hari, para pengikut yang menemani Yesus mendengar dia berkata kepada pokok ara yang tidak berbuah, "Kamu tidak lagi akan keluar buah selama-lamanya!" Apabila mereka melihat bahawa pokok itu telaah layu sampai ke akarnya, para pengikut-Nya berasa hairan dan bertanya Yesus. Dia menjawab mereka, "Aku berkata kepadamu, sesungguhnya jika kamu percaya dan tidak ragu, kamu bukan saja akan dapat berbuat apa yang Aku buat pada pohon ara itu, tetapi juga jikalau kamu berkata kepada gunung ini, 'Beranjaklah dan tercampaklah ke dalam laut,' hal itu akan terjadi."(Matius 21:21).

Yesus juga berjanji pada kita, "Sesungguhnya barangsiapa percaya kepada-Ku, ia akan melakukan juga pekerjaan-pekerjaan yang Aku lakukan, bahkan pekerjaan-pekerjaan yang lebih besar dari pada itu. Sebab Aku pergi kepada Bapa. Apa juga yang kamu minta dalam namaKu, Aku akan melakukannya, supaya Bapa dipermuliakan di dalam Anak. Jika kamu minta dalam nama-Ku, Aku akan melakukannya." (Yohanes 14:12-14), dan "Jikalau kamu tinggal di dalam Aku dan firmanKu tinggal di dalam kamu, mintalah apa saja yang kamu kehendaki, dan kamu akan menerimanya. Kalau kalian berbuah banyak, Bapa-Ku diagungkan; dan dengan demikian kalian betul-betul menjadi pengikut-Ku." (Yohanes 15:7-8).

Pendek kata, kerana Tuhan Pencipta adalah Bapa kepada orang-orang yang telah menerima Yesus Kristus, mereka boleh memperolehi jawapan keinginan hati mereka apabila mereka percaya dan taat kepada Firman Tuhan. Dalam Matius 17:20 Yesus memberitahu kita, "Sebab kalian kurang percaya. Ingatlah! Kalau kalian mempunyai iman sebesar biji sawi, kalian dapat berkata kepada bukit ini, 'Pindahlah ke sana!' pasti bukit ini akan pindah. Tidak ada sesuatu pun yang tidak dapat kalian buat!." Jadi kenapalah ramai orang gagal menerima jawapan Tuhan dan memuliakan-Nya walaupun setelah berjam-jam berdoa? Mari kita meneliti bagaimana kita boleh memberikan kemuliaan pada Tuhan dan menerima semua yang kita doakan dan meminta.

2. Percaya pada Tuhan yang Maha Kuasa

Bagi seorang manusia menampung hidupnya dari saat kelahirannya, dia memerlukan barang-barang asasi seperti makanan, pakaian, tempat tinggal dan sebagainya. Namun, elemen yang paling penting untuk mengekalkan kehidupan adalah bernafas; ia membolehkan kewujudan yang berterusan serta berbaloi. Walaupun anak-anak Tuhan yang telah menerima Yesus Kristus dan telah dilahirkan semula juga memerlukan banyak benda dalam hidup, perkara paling asas untuk kehidupan mereka adalah doa.

Doa adalah saluran berdialog dengan Tuhan yang merupakan Roh dan juga sebagai pernafasan untuk roh kita. Lagipun, doa juga adalah cara kita meminta pada Tuhan dan menerima jawapan-jawapan Dia, perkara paling penting dalam berdoa adalah hati yang percaya pada Tuhan yang maha kuasa.

Bergantung kepada tahap iman seseorang dalam Tuhan ketika berdoa, dia akan merasa kepastian jawapan-jawapan Tuhan dan akan menerima jawapan-jawapan tersebut selaras dengan imannya.

Jadi, siapakah Tuhan ini yang kita meletakkan iman kita?
Dalam menggambarkan diri-Nya dalam Wahyu 1:8, Tuhan berfirman "I Aku adalah Alfa dan Omega, firman Tuhan, yang ada dan yang sudah ada dan yang akan datang, Yang Maha Kuasa." Tuhan yang disebut dalam Wasiat Lama ialah Pencipta segala-galanya dalam alam semesta (Kejadian 1:1-31) dan membelah Lautan Merah dan membenarkan Kaum Israel yang telah meninggalkan Mesir untuk menyeberanginya (Keluaran 14:21-29). Apabila Kaum Israel menuruti perintah Tuhan dan berkawat mengelilingi bandar Yerikho selama tujuh hari dan menjerit dengan kuat, dinding-dinding Yerikho yang seakan-akan tidak boleh dimusnahkan akhirnya runtuh (Yosua 6:1-21). Apabila Yosua berdoa kepada Tuhan ketika peperangan dengan Kaum Amori, Tuhan membuatkan matahari tidak bergerak dan bulan berhenti (Yosua 10:12-14).

Dalam Wasiat Baru, Yesus, Tuhan yang Maha Kuasa, membangkitkan semula orang yang telah mati (Yohanes 11:17-44), menyembuhkan semua penyakit dan kesakitan (Matius 4:23-24), membuka mata mereka yang buta (Yohanes 9:6-11), dan yang cacat berdiri dan berjalan semula (Kisah Para Rasul 3:1-10). Dia juga pernah menghalau syaitan dan roh-roh jahat dengan Firman-Nya (Markus 5:1-20) dan dengan lima buku roti dan dua ekor ikan, dia menyediakan makan yang cukup untuk 5,000 orang sehingga mereka kenyang (Markus 6:34-44). Lagipun, dengan menenangkan angin dan ombak, Dia menunjukkan kita secara langsung bahawa Dia adalah Penguasa segala-galanya di dalam alam semesta (Markus 4:35-39).

Oleh itu, kita kena percaya kepada Tuhan yang maha kuasa yang memberikan kita pemberian yang baik akibat kasih sayang-Nya yang tidak terhingga. Yesus berfirman dalam Matius 7:9-11, "Adakah seorang daripada kamu memberi batu kepada anaknya, jika ia meminta roti? Atau memberi ular, jika dia minta ikan? Jadi jika kamu yang jahat tahu memberi pemberian yang baik kepada anak-anakmu, apalagi Bapamu yang di syurga Dia akan memberikan yang baik kepada mereka yang meminta kepada-Nya!" Tuhan kasih sayang ingin memberikan kita anak-anak Dia pemberian yang terbaik.

Atas kasih sayang-Nya yang melimpah ruah, Tuhan memberikan kita Anak Tunggal-Nya. Apa lagi yang Dia tidak sanggup berikan pada kita? Isaiah 53:5-6 memberitahu kita, "Tetapi dia tertikam oleh karena pemberontakan kita, dia diremukkan oleh kerana kejahatan kita; ganjaran yang mendatangkan keselamatan bagi kita ditimpakan kepadanya, dan oleh bilur-bilurNya kita disembuhkan. Kita sekalian sesat seperti domba, masing-masing kita mengambil jalannya sendiri, tetapi TUHAN telah menimpakan kepadanya kejahatan kita sekalian." Melalui Yesus Kristus yang Tuhan sediakan untuk kita, kita telah menerima kehidupan berbanding kematian, dan kita boleh menikmati keamanan dan disembuhkan.

Jika anak-anak Tuhan berkhidmat kepada Tuhan yang maha kuasa dan hidup sebagai Bapa mereka dan percaya bahawa Tuhan yang menjadikan segala sesuatu berjalan baik demi kebaikan mereka yang mengasihi Dia dan menjawab mereka yang berseru kepada-Nya, mereka tidak perlu bimbang atau cemas pada masa-masa pencubaan dan penderitaan , tetapi sebaliknya bersyukur, bergembira dan berdoa.

Ini bermakna "percaya kepada Tuhan" dan Dia bergembira melihat seseorang menunjukkan imannya seperti itu. Tuhan memberikan jawapan kepada kita berdasarkan iman kita dan menunjukkan kepada kita bukti kewujudan-Nya, Tuhan membolehkan kita memuliakan Dia.

3. Minta dengan Keimanan dan Jangan Ragu-ragu

Tuhan yang menciptakan langit dan bumi, dan manusia dibenarkan manusia untuk merakamkan Alkitab supaya kehendak dan suratan-Nya akan dimaklumkan kepada semua. Pada setiap masa, Tuhan juga menunjukkan diri-Nya kepada orang-orang yang beriman dan taat kepada Firman-Nya, dan membuktikan kepada kita bahawa Dia masih hidup dan maha kuasa melalui manifestasi tanda-tanda ajaib serta mukjizat.

Kita boleh percaya kepada Tuhan yang hidup hanya dengan melihat ciptaan-Nya (Roma 1:20) dan memberikan kemuliaan kepada Tuhan dengan menerima jawapan-jawapan Dia dengan doa kita yang bersertakan iman kita pada Dia.

Terdapat "iman daging" yang kita boleh percaya kerana

pengetahuan kita selaras dengan Firman Tuhan dan "iman rohani," jenis iman yang membolehkan kita menerima jawapan-jawapan Dia. Sedangkan apa yang Firman Tuhan memberitahu kita tidak dapat dipercayai bila dibandingkan dengan pengetahuan dan fikiran manusia, apabila kita meminta pada Dian dengan penuh kepercayaan, Tuhan berikan kita iman dan satu perasaan kepastian. Elemen-elemen ini memperjelas menjadi jawapan dan ini adalah iman rohani.

Oleh itu Yakobus 1:6-8 berfirman, "Tetapi orang yang meminta, harus percaya; dia tidak boleh ragu-ragu. Sebab orang yang ragu-ragu adalah seperti ombak di laut yang ditiup angin ke sana ke mari. Orang yang seperti itu tidak tetap fikirannya; dia tidak mampu mengambil keputusan apa-apa dalam segala sesuatu yang dibuatnya. Kerana itu, tidak usah juga ia mengharapkan untuk mendapat apa-apa dari Tuhan."

Keraguan berasal daripada pengetahuan manusia, pendapat, hujah, dan keinginan, dan dibawa kepada kita oleh syaitan musuh. Hati yang keraguan adalah hati yang bercabang dan licik, dan ianya paling dibenci Tuhan. Bukankah tragisnya sekiranya anak-anak anda tidak percaya tetapi sebaliknya meragui sama ada anda adalah ibu bapa kandung mereka? Dengan cara yang sama, bagaimana Tuhan boleh menjawab doa anak-anakNya, jika mereka tidak percaya kepada-Nya sebagai Bapa mereka, walaupun Dia yang menciptakan dan memupuk mereka?

Oleh itu kita diperingatkan bahawa "Sebab keinginan daging

adalah perseteruan terhadap Tuhan; kerana ia tidak takluk kepada hukum Tuhan, hal ini memang tidak mungkin baginya, Mereka yang hidup dalam daging, tidak mungkin berkenan kepada Tuhan" (Roma 8:7-8), dan digesa untuk "mematahkan setiap tekaan orang dan merobohkan setiap kubu yang dibangunkan oleh keangkuhan manusia untuk menentang pengetahuan Tuhan, dan kami menawan setiap fikiran dan menaklukkannya kepada Kristus" (2 Korintus 10:5).

Apabila iman kita berubah menjadi iman rohani dan kita tidak meragui walaupun sedikit, Tuhan amat suka dan akan memberikan kita apa sahaja yang kita minta. Apabila Musa dan Yosua tidak meragui tetapi hanya bertindak berdasarkan iman, mereka dapat membelah Lautan Merah, merentasi Sungai Jordan, dan memusnahkan dinding-dinding Yerikho. Dengan cara yang sama, apabila anda berkata pada gunung, "Pindahlah ke dalam laut" dan tidak wujud keraguan dalam hati anda tetapi percaya bahawa apa yang anda katakan itu akan menjadi, maka ia akan menjadi.

Andai kata anda berkata pada Gunung Everest, "Tercampaklah kau ke dalam Lautan India." Adakah anda akan mendapat jawapan kepada doa anda? Memang jelas bahawa huru-hara global akan tercetus sekiranya Gunung Everest tercampak ke dalam Lautan India. Kerana ini tidak mungkin terjadi dan ia bukannya kehendak Tuhan, doa seperti itu tidak akan dijawab tidak kira betapa kuat anda berdoa kerana Dia tidak akan memberikan anda iman rohani yang akan membolehkan anda percaya kepada Dia.

Kalau anda beroda untuk mencapai sesuatu yang menentang kehendak Tuhan, jenis iman yang anda boleh percayai dalam hati anda tidak akan datang pada anda. Mungkin anda mula-mula akan yakin doa anda akan dijawab, tetapi lama kelamaan, keraguan akan timbul. Hanya apabila kita berdoa dan meminta berdasarkan Firman Tuhan tanpa walau sedikit keraguan baru kita menerima jawapan-jawapan-Nya. Oleh itu, sekiranya doa-doa anda belum lagi dijawab, anda mesti menyedari bahawa anda telah meminta sesuatu yang menentang kehendak Tuhan atau anda bersalah kerana telah meragui atau sedang meragui Firman-Nya.

1 Yohanes 3:21-22 berfirman, "Saudara-saudaraku yang dikasihi, jikalau hati kita tidak menuduh kita, maka kita mempunyai keberanian percaya untuk mendekati Tuhan; dan apa saja yang kita minta, kita memperolehnya dari padaNya, kerana kita menuruti segala perintahNya dan berbuat apa yang berkenan kepadaNya."

Mereka yang mentaati perintah Tuhan dan melakukan perkara-perkara yang menyenangkan Dia tidak meminta benda-benda yang menentang kehendak Tuhan. Kita boleh menerima apa sahaja yang kita minta selagi doa kita selaras dengan kehendak Tuhan. Tuhan berfirman, "Apabila kalian berdoa dan minta sesuatu, percayalah bahawa Tuhan sudah memberikan kepadamu apa yang kalian minta, maka kalian akan menerimanya."

Oleh itu, untuk menerima jawapan-jawapan Tuhan, anda

mesti mula-mula menerima iman rohani daripada Dia yang Dia berikan kepada anda apabila anda hidup dengan mentaati Firman Dia. Apabila anda memusnahkan semua alasan dan spekulasi yang timbul menentang pengetahuan Tuhan, segala keraguan akan hilang dan anda akan miliki iman rohani, justeru menerima apa sahaja anda minta.

4. Kesemuanya yang anda telah berdoa dan meminta, percayalah anda telah menerimanya

Bilangan 23:19 memperingatkan kita, "Tuhan bukanlah manusia, sehingga Ia berdusta, bukan anak manusia, sehingga Ia menyesal; masakan Ia berfirman dan tidak melakukannya? Atau berbicara, dan tidak menepatinya?"

Sekiranya anda benar-benar percaya pada Tuhan, minta dengan iman, dan jangan meragui walau sedikit, anda mesti percaya bahawa anda akan menerima segala-galanya yang anda minta dan doakan. Tuhan adalah yang maha kuasa dan benar, dan Dia berjanji untuk menjawab kita.

Jadi, kenapa ramai sangat orang berkata mereka gagal menerima jawapan Dia walaupun mereka beriman dan berdoa? Adakah sebab Tuhan tidak menjawab mereka? Tidak. Tuhan telah pun menjawab doa-doa mereka tetapi mengambil masa kerana mereka tidak mempersiapkan diri mereka sebagai acuan yang layak menerima jawapan-Nya.

Apabila seorang petani menanam benih, dia percaya benih itu akan berbuah namun tidak boleh berbuah serta merta.

Setelah benih ditanam, ia keluar pucuk, berbunga, dan menghasilkan buah. Ada benih yang mengambil masa lebih lama untuk berbuah berbanding yang lain. Sama juga, proses menerima jawapan Tuhan memerlukan prosedur penanaman serta asuhan.

Andainya seorang pelajar berdoa , "Minta-minta saya dapat masuk dan belajar di Universiti Harvard." Jika dia berdoa dengan beriman pada kuasa Dia, tentunya Tuhan akan kabulkan doa pelajar tersebut. Walau bagaimana pun, jawapan pada doa dia mungkin tidak akan datang padanya serta merta. Tuhan menyediakan pelajar tersebut untuk membesar menjadi acuan yang sesuai untuk menerima jawapan-Nya dan di kemudian hari Dia akan jawab doa itu. Tuhan akan berikan dia semangat untuk rajin belajar dengan tekun supaya dia boleh berjaya di sekolah. Sambil pelajar itu terus berdoa, Tuhan akan keluarkan segala fikiran duniawi dari hati dia dan berikan dia kebijaksanaan serta pemahaman supaya dia belajar dengan lebih efektif. Sesuai dengan amalan pelajar itu, Tuhan akan menguruskan segala urusan dalam kehidupan dia supaya berjalan dengan baik dan melengkapkan pelajar dengan kelayakan untuk memasuki Harvard dan apabila masa itu tiba, Tuhan akan membolehkan dia memasuki Harvard.

Peraturan yang sama juga digunapakai kepada mereka yang sakit. Kerana mereka belajar melalui Firman Tuhan bagaimana penyakit boleh berlaku dan bagaimana ia boleh sembuh, apabila mereka berdoa dengan iman mereka boleh menerima penyembuhan. Mereka mesti mengenal pasti dinding dosa yang menjadi penghalang antara mereka dengan Tuhan dan dengan itu dapat mengenal pasti punca penyakit tersebut. Kalau penyakit itu wujud akibat perasaan benci, maka mereka mesti menghapuskan perasaan benci daripada hati mereka dan mengubah hati mereka menjadi yang dipenuhi kasih sayang. Jika penyakit itu disebabkan mereka makan berlebihan, mereka mesti terima kuasa untuk mengawal sendiri dan memperbaiki tabiat berbahaya ini daripada Tuhan. Hanya melalui proses-proses seperti ini lah Tuhan memberikan manusia iman yang mereka boleh percaya dan mempersiapkan diri mereka untuk menjadi acuan yang sesuai bagi menerima jawapan-jawapan Dia.

Berdoa untuk kemakmuran dalam perniagaan seseorang tidak berbeza daripada kes-kes di atas. Jika anda berdoa untuk mendapat rahmat melalui perniagaan anda, Tuhan mula-mula memberikan anda pelbagai dugaan untuk menguji sama ada anda adalah acuan yang layak menerima rahmat-Nya. Dia akan memberikan kepada anda kebijaksanaan dan kekuatan supaya keupayaan anda untuk menjalankan perniagaan menjadi unggul, sehingga perniagaan anda akan berkembang lebih besar, dan supaya anda akan mendapat keadaan yang lebih baik untuk menjalankan perniagaan anda. Dia akan memimpin anda kepada individu-individu yang boleh dipercayai, dan dengan perlahan-lahan meningkatkan pendapatan anda, serta memakmurkan perniagaan anda. Pada waktu yang Dia tentukan, Dia akan menjawab doa anda.

Melalui proses menyemai dan memupuk, Tuhan akan memimpin jiwa anda untuk berjaya dan menguji anda untuk menjadikan anda acuan yang sesuai menerima apa sahaja yang anda minta kepada-Nya. Oleh itu, anda tidak boleh menjadi tidak bersabar berdasarkan fikiran anda. Sebaliknya, anda harus menyesuaikan diri dengan tempoh masa Tuhan dan menunggu masa-Nya, dan mempercayai bahawa anda telah pun menerima jawapan-Nya.

Tuhan yang maha kuasa, menurut undang-undang alam rohani, menjawab anak-anakNya dalam keadilan-Nya, dan gembira apabila mereka meminta kepada-Nya dengan iman. Ibrani 11:6 memberitahu kita, "Tanpa beriman, tidak seorang pun dapat menyenangkan hati Tuhan. Sebab orang yang datang kepada Tuhan harus percaya bahawa Tuhan ada, dan bahawa Tuhan memberi balasan kepada orang yang mencari-Nya."

Semoga anda menyenangkan Tuhan dengan memiliki jenis iman yang membolehkan anda percaya bahawa anda telah pun menerima semua yang anda minta dalam doa dan memberikan kemuliaan agung kepada Dia dengan menerima semua yang anda minta, dengan nama Yesus saya berdoa!

Bab 3

Jenis Doa yang Menyenangkan Tuhan

Lalu Dia [Yesus] pergi ke luar kota
dan sebagaimana biasa Ia menuju Bukit Zaitun;
murid-murid-Nya juga mengikuti Dia.
Setelah tiba di tempat itu,
Dia berkata kepada mereka,
"Berdoalah supaya kamu jangan jatuh ke dalam pencubaan."

Kemudian Dia menjauhkan diri dari mereka
kira-kira selempar batu jaraknya,
lalu Dia berlutut dan berdoa, kata-Nya,
"Ya Bapa-Ku, jikalau Engkau mahu,
ambil lah cawan ini dari pada-Ku;
tetapi bukanlah kehendak-Ku,
melainkan kehendak-Mu lah yang terjadi."
Maka seorang malaikat dari langit
menampakkan diri kepada-Nya,
untuk memberi kekuatan kepada-Nya.
Dia sangat ketakutan dan makin bersungguh-sungguh berdoa;
Peluh-Nya menjadi seperti titisan-titisan darah,
yang menitis ke tanah.

(Lukas 22:39-44)

1. Yesus Menjadi Contoh Cara Terbaik Berdoa

Lukas 22:39-44 menggambarkan adegan di mana Yesus berdoa di Getsemani malam sebelum Dia memikul salib untuk membuka jalan penyelamatan bagi semua manusia. Ayat-ayat ini memberitahu kita banyak aspek tentang jenis sikap dan hati yang kita harus miliki ketika berdoa.

Bagaimanakah Yesus berdoa agar Dia bukan sahaja mengusung salib yang berat tetapi juga mengalahkan syaitan musuh? Apakah keadaan hati Yesus ketika Dia berdoa supaya Tuhan berkenan dengan doa-Nya dan menghantar malaikat dari langit untuk menguatkan-Nya?

Berdasarkan ayat-ayat ini, marilah kita mendalami sikap yang betul ketika berdoa dan jenis doa yang Tuhan berkenan, dan saya menggesa anda untuk memeriksa hidup berdoa anda.

1) Yesus Lazimnya Berdoa

Tuhan mengarahkan kita berdoa tanpa henti (1 Tesalonika 5:17) dan berjanji untuk memberi pada kita apabila kita minta pada Dia (Matius 7:7). Walaupun adalah betul untuk berdoa secara berterusan dan sentiasa meminta, kebanyakan orang hanya berdoa apabila mereka mahu sesuatu atau mempunyai masalah.

Namun, Yesus pergi ke luar dan berjalan seperti kebiasaan-Nya ke bukit Zaitun (Lukas 22:39). Nabi Daniel terus berlutut tiga kali sehari, untuk berdoa dan bersyukur kepada Tuhan, sama seperti dia lakukan sebelum itu (Daniel 6:10), dan dua hawari Yesus, Petrus dan Yohanes menetapkan masa yang tertentu setiap hari untuk berdoa (Kisah Para Rasul 3: 1).

Kita mesti mengikuti contoh Yesus dan memupuk tabiat menetapkan waktu-waktu tertentu untuk terus berdoa setiap hari. Tuhan amat senang dengan mereka yang berdoa ketika subuh di mana mereka menyerahkan segala-galanya kepada Tuhan pada permulaan setiap hari dan juga doa waktu malam di mana mereka bersyukur ke atas perlindungan Tuhan sepanjang hari di penghujung setiap hari. Melalui dia anda boleh menerima kuasa-Nya yang hebat.

2) Yesus melutut untuk berdoa

Apabila anda berlutut, hati anda ketika berdoa berdiri tegak dan anda menunjukkan rasa hormat kepada orang-orang yang mendengar anda. Memang wajar sesiapa sahaja yang berdoa kepada Tuhan berlutut ketika dia berdoa.

Yesus Anak Tuhan berdoa dengan sikap rendah diri untuk berdoa kepada Tuhan yang maha kuasa. Raja Salomo (1 Raja-raja 8:54), hawari Paulus (Kisah Para Hawari 20:36), dan Paderi Stefanus yang mati syahid (Kisah Para Hawari 7:60) semuanya melutut ketika berdoa.

Apabila kita meminta bantuan daripada ibu bapa atau seseorang yang berpangkat untuk sesuatu yang kita mahu, kita menjadi gementar dan mengambil semua langkah berjaga-jaga untuk mengelakkan diri kita daripada melakukan sebarang kesilapan. Jadi, kenapa kita kelihatan sewenang-wenang dengan hati dan badan kita sedangkan kita tahu kita sedang bercakap dengan Tuhan Maha Pencipta? Melutut adalah suatu ekspresi hati anda yang menghormati Tuhan dan percaya pada kuasa-Nya. Kita mesti mengemaskan diri dan melutut dengan rasa rendah diri apabila kita berdoa.

3) Doa Yesus adalah mengikut kehendak Tuhan

Yesus berdoa kepada Tuhan, "Bukanlah kehendak-Ku, melainkan kehendak-Mu lah yang terjadi." (Lukas 22:42). Yesus Anak Tuhan yang turun ke bumi untuk mati di atas salib kayu walaupun Dia suci dan tidak bercela. Sebab itulah Dia berdoa, "Bapa-Ku, jikalau Engkau mahu, ambillah cawan ini dari pada-Ku." Tetapi Dia tahu kehendak Tuhan adalah untuk menyelamatkan umat manusia melalui seorang individu, dan tidak berdoa untuk Dirinya sendiri tetapi hanya mengikut kehendak Tuhan.

1 Korintus 10:31 menyatakan, "Jika engkau makan atau jika engkau minum, atau jika engkau melakukan sesuatu yang lain, lakukanlah semuanya itu untuk kemuliaan Tuhan." Jika kita meminta sesuatu yang bukan untuk kemuliaan Tuhan tetapi sebaliknya semata-mata memenuhi nafsu, kita tidak membuat permintaan yang sepatutnya; kita hanya boleh berdoa sesuai dengan kehendak Tuhan. Lagipun, Tuhan berfirman pada kita untuk sentiasa mengingati apa yang kita nampak dalam Yakobus 4:2-3, "Kamu teringin dan tidak miliki; jadi anda membunuh. Kamu iri hati, tetapi kamu tidak mencapai tujuanmu, lalu kamu bertengkar dan kamu berkelahi. Kamu tidak memperoleh apa-apa, kerana kamu tidak berdoa. Atau kamu berdoa juga, tetapi

kamu tidak menerima apa-apa, kerana kamu salah berdoa, sebab yang kamu minta itu hendak kamu habiskan untuk memuaskan hawa nafsumu." Jadi, kita perlu muhasabah diri dan mengenal pasti sama ada kita berdoa hanya untuk kebaikan diri sendiri.

4) Yesus bergelut ketika berdoa

Dalam Lukas 22:44, kita dapat lihat betapa ikhlas Yesus berdoa. "Dia sangat ketakutan dan makin bersungguh-sungguh berdoa;
Peluh-Nya menjadi seperti titisan-titisan darah,
yang menitis ke tanah."
Iklim di Getsemani di mana Yesus berdoa seharusnya sejuk pada waktu malam maka sukar untuk berpeluh. Sekarang, anda boleh bayangkan betapa banyak Yesus ketegangan ketika berdoa dengan ikhlas dan bersungguh-sungguh sehinggakan peluh-Nya menjadi seperti titik-titik darah yang menitis ke tanah? Jika Yesus berdoa dalam diam, boleh tak Dia berdoa begitu bersungguh-sungguh sehingga berpeluh ketika berdoa? Ketika Yesus berseru kepada Tuhan dengan penuh semangat dan bersungguh-sungguh, peluh-Nya menjadi "seperti titik-titik darah yang menitis ke tanah."

Dalam Kejadian 3:17 Tuhan berfirman kepada Adam, "Kerana engkau mendengarkan perkataan isterimu dan memakan dari buah pohon, yang telah Ku perintahkan kepadamu: Jangan makan dari padanya, maka terkutuklah tanah kerana engkau; dengan bersusah payah engkau akan mencari rezekimu dari tanah seumur hidupmu." Sebelum manusia dikutuk, dia hidup dalam penuh kelimpahan dengan segala yang Tuhan telah menyediakan untuk dia. Apabila dosa memasuki dia melalui keingkarannya kepada Tuhan, komunikasi dengan Penciptanya berakhir, dan kini hanya dengan bersusah payah baru dia boleh makan.

Jika apa yang mungkin untuk kita hanya boleh dicapai dengan bersusah payah, apa yang kita harus lakukan apabila kita memohon kepada Tuhan untuk sesuatu yang kita tidak boleh lakukan? Sila ingat bahawa hanya dengan berseru kepada Tuhan dalam doa, bersusah payah, dan berpeluh lah kita boleh menerima apa yang kita mahu daripada Tuhan. Selain itu, juga perlu diingati bagaimana Tuhan telah memberitahu kita bahawa bersusah payah dan usaha perlu untuk mendapatkan hasil dan bagaimana Yesus sendiri bersungguh-sungguh dan bersusah payah dalam doa. Sentiasa ingat dalam hati, lakukan sepertimana Yesus lakukan, dan berdoa dengan cara yang berkenan kepada Tuhan.

Setakat ini, kita telah meneliti bagaimana Yesus, yang menjadi contoh cara berdoa yang betul, berdoa. Jika Yesus, yang mempunyai segala kuasa, berdoa bersungguh-sungguh sehingga boleh menjadi contoh pada kita, apakah jenis sikap yang patut kita makhluk Tuhan miliki ketika berdoa? Penampilan zahir dan sikap seseorang ketika berdoa melambangkan hatinya. Oleh itu, hati kita ketika berdoa sama penting dengan sikap kita ketika berdoa.

2. Perkara-perkara Penting tentang Jenis Doa yang Menyenangkan Tuhan

Apakah jenis hati yang kita harus miliki ketika berdoa yang menyenangkan Tuhan supaya Dia menjawab doa kita?

1) Anda mesti berdoa dengan seluruh hati anda

Kita telah pelajari melalui cara Yesus berdoa bahawa doa daripada hati seseorang berpunca daripada sikapnya ketika berdoa kepada Tuhan. Kita boleh tahu melalui sikap seseorang, hatinya ketika berdoa.

Cuba teliti doa Yakobus dalam Kejadian 32. Dengan Sungai Yabok di hadapan, Yakobus mendapati dirinya dalam keadaan sukar. Yakobus tidak boleh patah balik kerana dia telah berjanji dengan bapa saudaranya Laban bahawa dia tidak akan menyeberangi garis sempadan dipanggil Galed. Dia tidak dapat menyeberangi sungai Yabok di mana, di seberang sungai, Adiknya Esau menunggu dengan 400 orang untuk menangkap Yakobus. Pada waktu yang terdesak seperti ini lah apabila perasaan bangga dan ego Yakobus yang menjadi sandaran dia termusnah sama sekali. Yakobus akhirnya menyedari bahawa hanya setelah dia meletakkan segala-galanya pada Tuhan dan mengubah hati-Nya baru masalahnya dapat diselesaikan. Sebagai Yakub bergelut dalam doa sehinggakan sendi pinggulnya patah yang patah itu, dia akhirnya menerima jawapan Tuhan. Yakobus dapat mengubah hati Tuhan dan berdamai dengan adiknya yang menunggu untuk bertindak terhadapnya.

Cuba meneliti 1 Raja-raja 18 di mana Nabi Elia menerima "jawapan yang berapi-api" Tuhan dan memberikan kemuliaan yang agung kepada Tuhan. Ketika penyembahan berhala berleluasa semasa pemerintahan Raja Ahab, Elia sendirian berdepan dengan 450 nabi Baal dan mengalahkan mereka dengan menurunkan jawapan Tuhan kepada orang Israel dan menjadi saksi kepada Tuhan yang hidup.
Pada waktu ini yang Ahab fikir Nabi Elia adalah punca kemarau tiga dan setengah tahun yang melanda Israel dan sedang mencari nabi itu. Walau bagaimanapun, apabila Tuhan memerintahkan Elia untuk pergi berjumpa dengan Ahab, nabi cepat mematuhi. Ketika nabi menghadap raja yang telah sekian lama mencarinya untuk dibunuh, dia dengan berani menyampaikan firman Tuhan melalui dirinya, dan diterbalikkan segala-galanya dengan doa beriman yang tidak ada sedikit pun keraguan, suatu kejadian bertaubat dan kembali kepada Tuhan terjadi di kalangan orang dahulunya menyembah berhala. Selain itu, Elia membongkok ke atas bumi dengan mukanya di antara kedua lututnya kemudian dia bersungguh-sungguh berdoa bahawa dia akan menurunkan kerja Tuhan di bumi ini dan menamatkan kemarau yang telah menyeksa bumi selama tiga setengah tahun (1 Raja-raja 18:42).
Tuhan berfirman di dalam Yehezkiel 36:36-37, "'Aku, TUHAN, yang mengatakannya dan akan membuatnya.' Beginilah firman TUHAN, 'Dalam hal ini juga Aku menginginkan, supaya kaum Israel meminta dari pada-Ku apa

yang hendak Kulakukan bagi mereka.'" Dalam erti kata lain, walaupun Tuhan telah menjanjikan Elia hujan lebat di Israel, hujan lebat tidak mungkin turun tanpa dia berdoa bersungguh-sungguh Elia dari hatinya. Doa dari hati kita benar-benar boleh bergerak dan menarik perhatian Tuhan, yang akan segera menjawab kita dan membolehkan kita untuk memuliakan Dia.

2) Anda mesti berseru kepada Tuhan dalam doa

Tuhan berjanji kepada kita Dia akan mendengar kita dan menemui kita apabila kita berdoa kepada-Nya dan mencari-Nya dengan segenap hati (Yeremia 29: 12-13; Amsal 08:17). Dalam Yeremia 33:3 Dia berjanji kepada kita, "Berserulah kepada-Ku, maka Aku akan menjawab engkau dan akan memberitahu kepadamu hal-hal yang besar dan yang tidak difahami, yakni hal-hal yang tidak kau ketahui." Sebab kenapa Tuhan menyuruh kita berseru kepada-Nya dalam doa adalah kerana apabila kita berseru kepada-Nya dalam doa dengan suara yang kuat, kita akan dapat berdoa dengan segenap hati. Dalam erti kata lain, apabila kita menyeru dengan suara lantang di dalam doa, kita akan terputus dari pemikiran duniawi, keletihan, dan rasa mengantuk dan fikiran kita sendiri tiada tempat di dalam minda kita.

Namun, banyak gereja hari ini percaya dan mengajar jemaah mereka bahawa menjadi senyap di dalam sanktuari adalah "salih" dan "suci." Apabila ada saudara berseru kepada Tuhan dengan suara yang kuat, seluruh jemaah mula menganggap mereka tidak betul dan mengatakan orang itu sebagai bidaah. Namun, ini berpunca daripada mereka tidak mengetahui Firman Tuhan dan kehendak-Nya. Gereja-gereja awal, yang menyaksikan manifestasi besar kuasa Tuhan dan kebangkitan semula, boleh menyenangkan Tuhan dalam kepenuhan Roh Kudus dengan meningkatkan suara mereka kepada Tuhan dengan sehati (Kisah Para Rasul 4:24). Malah pada hari ini, kita boleh lihat betapa banyaknya tanda-tanda ajaib dan mukjizat dipaparkan dan bagaimana mereka mengalami kebangkitan besar di gereja-gereja yang berseru kepada Tuhan dengan suara yang kuat dan mengikuti serta mentaati kehendak Tuhan.

"Berseru kepada Tuhan" merujuk kepada berdoa kepada Tuhan dengan bersungguh-sungguh dan dengan suara yang lantang. Dengan berdoa sebegitu, saudara saudari Kristian boleh dipenuhi dengan Roh Kudus dan, sambil kuasa-kuasa syaitan musuh dihapuskan, mereka dapat menerima jawapan kepada doa mereka serta menerima ganjaran rohani.

Dalam Alkitab terdapat banyak rekod di mana Yesus dan ramai nenek moyang iman berseru kepada Tuhan dengan suara yang lantang dan menerima jawapan-Nya.

Mari kita melihat beberapa contoh di dalam Wahyu Lama.

Dalam Keluaran 15:22-25 suatu adegan di mana kaum Israel, setelah meninggalkan Mesir terlebih awal, baru sahaja menyeberangi Lautan Merah setelah iman Musa membelahnya. Disebabkan iman kaum Israel tidak kuat, mereka merungut terhadap Musa apabila mereka tidak menemui air untuk diminum semasa menyeberangi Gurun Syur. Apabila Musa "berseru" kepada Tuhan, air masin Marah menjadi manis.

Dalam Bilangan 12 adalah babak di mana adik Musa iaitu Miriam menghidapi penyakit Kusta setelah bercakap menentang dia. Apabila Musa berseru kepada Tuhan dengan berkata, "Ya Tuhan, sembuhkanlah dia, Aku doa!" Tuhan sembuhkan penyakit kusta Miriam.

Dalam 1 Samuel 7:9 tertulis, "Sesudah itu Samuel mengambil seekor anak domba yang menyusu, lalu mempersembahkan seluruhnya kepada TUHAN sebagai korban bakaran. Dan ketika Samuel berseru kepada TUHAN bagi orang Israel, maka TUHAN menjawab dia."

1 Raja-raja 17 adalah kisah tentang Sarfat seorang balu yang melayan Elia hamba Tuhan dengan baik. Apabila anak lelakinya jatuh sakit dan mati, Elia berseru kepada Tuhan dan berkata, "Ya TUHAN ku! Pulangkanlah nyawa anak ini ke dalam tubuhnya." TUHAN mendengar permintaan Elia itu, dan nyawa anak itu dipulangkan ke dalam tubuhnya dan dia hidup semula (1 Raja-raja 17:21-22). Apabila Tuhan mendengar seruan Elia, kita dapati bahawa Tuhan menjawab doa nabi itu.

Yunus, yang telah ditelan dan terkurung di dalam ikan besar kerana mengingkari Tuhan, juga menerima penyelamatan kerana dia menyeru kepada Tuhan dalam doa. Dalam Yunus 2:2 kita dapati apabila dia berdoa, "Dalam kesusahanku aku berseru kepada TUHAN, dan Dia menjawab aku. Dari tengah-tengah dunia orang mati aku berteriak, dan Kau dengar suara aku." Tuhan mendengar seruannya dan menyelamatkan dia. Tidak kira betapa buruknya situasi yang menimpa kita seperti yang menimpa Yunus, Tuhan akan memberikan keinginan hati kita, menjawab kita dan memberikan kita penyelesaian kepada masalah-masalah kita apabila kita bertaubat daripada salah laku kita di mata-Nya dan berseru kepada-Nya.

Wasiat Baru juga dipenuhi oleh babak-babak di mana orang berseru kepada Tuhan.

Dalam Yohanes 11:43-44, kita dapati Yesus berseru dengan suara yang lantang, "Lazarus, keluarlah," dan manusia yang telah mati itu pun keluar, dengan masih terikat tangan dan kakinya dengan kain kapa, mukanya juga masih dililit kain. Tidak ada perbezaan kepada Lazarus sama ada Yesus memanggilnya dengan suara yang lantang ataupun berbisik. Namun, Yesus berseru kepada Tuhan dengan suara yang lantang. Yesus membangkitkan semula Lazarus, yang mayatnya telah berada di dalam makam itu selama 4 hari, berdasarkan kepada kehendak Tuhan lalu mempamerkan kemuliaan Tuhan.

Markus 10:46-52 memberitahu kita tentang penyembuhan seorang pengemis yang buta bernama Bartimeus:

> Dan sebagaimana Dia [Yesus] telah meninggalkan Yerikho dengan murid-murid-Nya dan orang ramai yang besar, seorang pengemis yang buta bernama Bartimeus, anak Timaeus, sedang duduk di tepi jalan. Apabila dia mendengar bahawa ia adalah Yesus orang Nazaret itu, dia mula menangis keluar dan berkata, "Yesus, Anak Daud, kasihanilah aku!" Ramai yang menyuruhnya

diam, tetapi dia terus menangis berteriak "Anak Daud, kasihanilah aku!" Yesus berhenti dan berkata: "Panggillah dia di sini." Mereka memanggil orang buta itu dan berkata kepadanya, "Tetapkanlah hatimu, berdiri! Ia memanggil engkau. " Dengan membuang jubahnya, dia bangun dan datang kepada Yesus. Dan Yesus menjawab dengan berkata, "Apa yang kau mahu Aku lakukan untuk dirimu?" Dan orang buta itu berkata kepada-Nya: "Rabuni!, Aku mahu mendapatkan semula penglihatanku!" Yesus berkata kepadanya: "Pulanglah, imanmu telah menyelamatkan engkau. " Dan segeralah ia kembali seperti sediakala, lalu mengikut Dia di jalan raya. "

Dalam Kisah Para Rasul 7:59-60, ketika Paderi Stefanus direjam sehingga mati syahid, dia menyeru kepada Tuhan dengan berkata, "Tuhan Yesus, terimalah roh aku!" Dan dengan berlutut, dia berseru dengan suara yang lantang, "Tuhan, janganlah tanggungkan dosa ini kepada mereka!"

Dan ia dibaca dalam Kisah 4:23-24; 31, "Apabila mereka [Petrus dan Yohanes] telah dibebaskan, mereka pergi kepada sahabat mereka sendiri dan melaporkan semua yang dikatakan oleh ketua imam dan orang tua kepada mereka. Dan apabila mereka mendengar perkataan itu, mereka meninggikan suara mereka kepada Tuhan dengan satu kehendak. Dan apabila mereka berdoa, tempat di mana mereka telah berkumpul bersama-sama telah goyah, dan mereka semua penuh dengan Roh Kudus, lalu mereka memberitakan firman Tuhan dengan keberanian. "

Apabila anda berseru kepada Tuhan, anda menjadi saksi

sebenar Yesus Kristus dan memanifestasikan kuasa Roh Kudus. Tuhan memberitahu kita supaya berseru kepada-Nya walaupun kita tengah berpuasa. Sekiranya kita menghabiskan masa berpuasa dengan tidur akibat keletihan, kita tidak akan menerima jawapan daripada Tuhan. Tuhan berjanji di dalam Yesaya 58:9, "Pada waktu itulah engkau akan memanggil dan TUHAN akan menjawab; engkau akan berteriak minta tolong dan Dia akan berkata: 'Ini Aku.'" Sesuai dengan janji-Nya, jika kita berseru ketika kita berpuasa, rahmat dan kuasa dari atas akan turun kepada kita dan kita akan berjaya dan menerima jawapan Tuhan.

Dengan "Perumpamaan Seorang Balu yang Gigih," Yesus bertanyakan kita secara retorik, "Tidakkah Tuhan akan membela keadilan umat-Nya sendiri yang berseru kepada-Nya siang dan malam? Adakah Dia akan mengulur-ulur waktu untuk menolong mereka?" dan memberitahu kita supaya berseru ketika berdoa (Lukas 18:1-8).

Oleh itu, sebagaimana Yesus memberitahu kita dalam Matius 5:18, "Kerana sesungguhnya Aku berkata kepadamu, sehingga langit dan bumi lenyap, tidak ada surat yang paling kecil atau strok akan lepas dari Undang-Undang sehingga semua dapat dicapai," apabila anak-anak Tuhan berdoa, ia adalah wajar bagi mereka untuk berseru dalam doa. Ini adalah perintah Tuhan. Kerana hukum-Nya menetapkan bahawa kita harus makan hasil usaha titik peluh kita, kita boleh menerima jawapan Tuhan apabila kita berseru kepada-Nya.

Sesetengah orang mungkin menjawab, dengan menyandarkan jawapan mereka pada Matius 6:6-8, dan bertanya, "Adakah kita perlu berseru pada Tuhan sedangkan Dia sudah pun tahu apa yang kita perlukan sebelum kita minta?" atau "Kenapa perlu berseru sedangkan Yesus berkata supaya berdoa secara rahsia di dalam bilik saya dengan pintu tertutup?" Namun, tiada petikan di dalam Alkitab yang merujuk kepada orang berdoa secara rahsia di dalam bilik mereka.

Maksud sebenar Matius 6:6-8 adalah ia menggesa kita untuk berdoa segenap hati. Masuk ke bilik dalaman hati anda dan tutup rapat pintu. Sekiranya anda berada di dalam bilik secara bersendirian dan sunyi, dengan pintu tertutup, bukankah anda terputus berhubungan dengan dunia luar? Sama juga kita semua akses luaran dalam bilik kita sendiri dengan pintu ditutup, Yesus dalam Matius 6: 6-8 memberitahu kita untuk menghalang diri kita daripada semua fikiran kita, pemikiran duniawi, kebimbangan, dan sebagainya, dan berdoa dengan sepenuh hati.

Tambahan pula, Yesus menyampaikan cerita ini sebagai satu pengajaran bagi manusia supaya mereka mengetahui bahawa Tuhan tidak mendengar doa-doa para Farisi dan paderi-paderi, yang pada zaman Yesus berdoa dengan suara lantang supaya mereka dipuji dan dilihat orang lain. Kita tidak harus berbangga dengan kuantiti doa kita. Sebaliknya, kita harus bergelut sepenuh hati ketika berdoa kepada Dia yang melihat hati dan minda kita, kepada yang Maha Kuasa yang mengetahui segala keperluan dan kehendak kita, dan yang merupakan "penampung" kita.

Adalah susah untuk berdoa sepenuh hati melalui doa yang senyap. Cubalah berdoa dengan bertafakur dan memejamkan mata pada waktu malam. Anda akan menyedari diri anda bersusah payah melawan keletihan dan fikiran duniawi berbanding berdoa. Apabila anda letih melawan rasa ingin tidur, anda akan tertidur tanpa anda sedari.

Daripada berdoa di dalam kesunyian bilik yang senyap, "Dia [Yesus] pergilah ke bukit untuk berdoa dan semalam-malaman Dia berdoa kepada Tuhan"(Lukas 6:12) dan "Di awal pagi, waktu hari masih gelap, Dia bangun dan pergi ke luar. Dia pergi ke tempat yang sunyi dan berdoa di sana"(Markus 1:35). Di dalam kamar bumbungnya, Nabi Daniel mempunyai tingkap terbuka yang menghala ke Yerusalem, dan dia terus melutut tiga kali sehari, berdoa dan bersyukur kepada Tuhan dia (Daniel 6:10). Petrus naik ke atas rumah untuk berdoa (Kisah Para Rasul 10: 9), dan hawari Paulus pergi ke luar pintu gerbang di tepi sungai, di mana dia menjangkakan bahawa akan ada tempat berdoa dan di berdoa di tempat itu semasa dia tinggal di Filipi (Kisah Para Rasul 16:13; 16). Mereka ini menetapkan tempat yang khusus untuk berdoa kerana mereka ingin berdoa dengan sepenuh hati mereka. Anda mesti berdoa dengan cara yang boleh menembusi tentera syaitan musuh penguasa kerajaan udara dan disampaikan ke singgahsana di atas. Hanya dengan itu anda akan dipenuhi dengan Roh Kudus, pencubaan anda dihapuskan, dan menerima jawapan kepada masalah-masalah anda sama ada besar atau kecil.

3) Doa anda mesti mempunyai tujuan

Sesetengah orang mungkin menanam pokok untuk mendapatkan kayu balak yang baik. Yang lain mungkin menanam pokok untuk dapatkan buah. Ada juga yang mungkin menanam pokok untuk menggunakan kayunya bagi menghasilkan taman yang indah. Jika seseorang menanam pokok tanpa tujuan tertentu, sebelum anak pokok tumbuh tinggi dan tua dia mungkin mengabaikan pokok itu kerana dia mungkin menjadi sibuk dengan kerja-kerja lain.

Memiliki tujuan yang jelas dalam apa jua usaha, memacu usaha itu dan membawa hasil dan pencapaian yang lebih cepat dan lebih baik. Namun, tanpa tujuan yang jelas, sesuatu usaha mungkin tidak dapat bertahan walau halangan kecil kerana tanpa arah tuju, hanya akan timbul keraguan dan putus asa.

Kita mesti ada tujuan yang jelas apabila kita berdoa kepada Tuhan. Kita telah dijanjikan akan menerima apa sahaja yang kita minta daripada Tuhan apabila kita yakin dengan-Nya (1 Yohanes 3:21-22), dan apabila tujuan doa kita adalah jelas, kita akan dapat berdoa lebih bersungguh-sungguh dengan ketabahan yang lebih tinggi. Apabila Tuhan kita melihat bahawa tiada sesuatu untuk dipersalahkan di dalam hati kita, Dia akan berikan pada kita semua yang kita perlukan. Kita mesti sentiasa mengingati tujuan doa kita dan mampu berdoa dengan cara yang disenangi kepada Tuhan.

4) Anda mesti berdoa berdasarkan iman

Disebabkan ukuran iman berbeza dari orang ke orang, setiap orang akan menerima jawapan Tuhan berdasarkan kepada imannya. Apabila orang mula-mula menerima Yesus Kristus dan membuka hati mereka, Roh Kudus mendiami diri mereka dan Tuhan memeteraikan mereka sebagai anak-Nya. Kerana ini lah mereka memiliki iman sebesar biji sawi.

Apabila mereka menjaga kesucian Hari Tuhan dan teruskan berdoa, berusaha mentaati perintah Tuhan, dan hidup berdasarkan Firman-Nya, iman mereka akan berkembang. Namun, apabila mereka menghadapi pencubaan dan penderitaan sebelum mereka berdiri teguh di atas batu iman, mereka mungkin menyoal kuasa Tuhan dan kadang-kadang menjadi tawar hati. Walau bagaimana pun, apabila mereka berdiri teguh di atas batu iman, mereka tidak akan jatuh dalam apa jua keadaan tetapi mengharapkan kepada Tuhan dengan penuh iman dan terus berdoa. Tuhan melihat iman sebegitu, dan Dia akan berusaha demi mereka yang mencintai-Nya.

Apabila mereka teruskan berdoa, dengan kuasa dari atas mereka akan melawan dosa dan menyerupai Tuhan. Mereka akan mempunyai gambaran kehendak Tuhan yang jelas dan mematuhinya. Iman seperti ini menyenangkan Tuhan dan mereka akan menerima apa sahaja yang mereka minta. Apabila manusia menghampiri ukuran iman seperti ini, mereka akan mengalami janji yang didapati di dalam Markus 16:17-18, "Tanda-tanda ini akan menyertai orang-orang yang percaya: mereka akan mengusir syaitan demi nama-Ku, mereka akan berbicara dalam bahasa-bahasa yang baru bagi mereka; mereka akan memegang ular, dan sekalipun mereka minum racun maut, mereka tidak akan mendapat celaka; mereka akan meletakkan tangannya atas orang sakit, dan orang itu akan sembuh." Mereka yang mempunyai iman yang tinggi akan menerima jawapan berdasarkan iman mereka, dan mereka dengan iman yang rendah juga akan menerima jawapan berdasarkan iman mereka.

Terdapat "iman berpusatkan diri" yang anda dapat miliki sendiri, dan ada "iman pemberian Tuhan." "Iman berpusatkan diri" tidak selaras dengan amalan seseorang, tetapi iman pemberian Tuhan adalah iman rohani yang sering diiringi dengan amalan. Alkitab memberitahu kita bahawa iman adalah jaminan kepada segala perkara yang diharapkan (Ibrani 11:1), tetapi "iman berpusatkan diri" tidak akan menjadi satu kepastian. Walaupun seseorang memiliki iman untuk membelah Lautan Merah dan menggerakkan gunung, dengan "iman berpusatkan diri," dia tidak jaminan menerima jawapan Tuhan.

Tuhan memberikan kita "iman yang hidup" yang diiringi dengan amalan yang berdasarkan iman kita sendiri pada Dia, mentaati, menunjukkan iman kita melalui amalan dan berdoa. Apabila kita menunjukkan pada Dia iman yang kita sedia ada, iman itu akan bergabung dengan "iman hidup" yang Dia menambahkan pada kita, yang akhirnya akan menjadi iman yang tinggi yang dengannya kita boleh menerima jawapan Tuhan dengan segera. Kadang-kadang ada yang mengalami kepastian jawapan-Nya yang tidak dapat dinafikan. Ini adalah iman yang diberikan kepada mereka oleh Tuhan dan jika mereka memiliki iman sebegini, mereka telah pun menerima jawapan-jawapan mereka.

Oleh itu, tanpa walau sedikit keraguan, kita mesti meletakkan kepercayaan pada janji Yesus yang diberikan kepada kita dalam Markus 11:24, "Kerana itu Aku berkata kepadamu, apa saja yang kamu minta dan doakan, percayalah bahawa kamu telah menerimanya, maka hal itu akan diberikan kepadamu." Dan kita harus berdoa sehingga kita menjadi pasti menerima jawapan Tuhan, dan menerima apa sahaja yang kita minta ketika berdoa (Matius 21:22).

5) Anda mesti berdoa dengan kasih sayang

Ibrani 11:6 memberitahu kita, "Tanpa beriman, tidak seorang pun dapat menyenangkan hati Tuhan. Sebab orang yang datang kepada Tuhan harus percaya bahawa Tuhan ada, dan bahawa Tuhan memberi balasan kepada orang yang mencari-Nya." Sekiranya kita percaya bahawa semua doa kita akan dijawab dan disimpan sebagai ganjaran syurgawi, kita tidak akan menganggap berdoa itu meletihkan atau susah.

Sama seperti Yesus berdoa untuk menyelamatkan umat manusia, jika kita berdoa dengan kasih sayang untuk jiwa-jiwa lain, kita juga bersungguh-sungguh berdoa. Jika anda boleh berdoa dengan kasih sayang yang ikhlas untuk orang lain, ini bermakna anda dapat meletakkan diri anda di tempat mereka dan melihat masalah-masalah mereka sebagai masalah anda, dan oleh itu berdoa lebih bersungguh-sungguh.

Sebagai contoh, andai kata anda berdoa untuk pembinaan sanktuari gereja anda. Anda mesti berdoa dengan hati yang sama sebagaimana anda akan berdoa untuk pembinaan rumah anda sendiri. Sama seperti anda akan berdoa secara terperinci untuk tanah, pekerja, bahan binaan dan sebagainya untuk rumah anda sendiri, anda mesti minta secara terperinci perkara-perkara yang sama yang perlu untuk pembinaan sanktuari itu. Sekiranya anda berdoa untuk seorang pesakit, anda mesti meletakkan diri anda di tempatnya dan bergelut dalam doa sepenuh hati anda seolah-olah anda sendiri mengalami kesakitan dan kesengsaraan yang mereka alami.

Untuk mencapai kehendak Tuhan, Yesus lazimnya melutut dan bergelut dalam berdoa dengan kasih sayang pada Tuhan dan kasih sayang pada manusia. Hasil daripada itu, laluan penyelamatan terbuka dan sesiapa yang menerima Yesus Kristus boleh diampuni dosa-dosa mereka dan menikmati kuasa yang menjadi haknya sebagai anak Tuhan.

Berdasarkan cara Yesus berdoa dan perkara-perkara asas yang menentukan jenis doa yang disenangi Tuhan, kita mesti memeriksa sikap dan hati kita, berdoa dengan sikap dan hati yang disenangi Tuhan, dan menerima segala-galanya yang kita minta daripada Dia.

Bab 4

Supaya anda tidak
jatuh ke dalam pencubaan

Dan Dia[Yesus] kembali kepada para hawari-Nya
dan mendapati mereka sedang tidur,
dan Ia berkata kepada Petrus,
"Tidakkah kamu sanggup berjaga-jaga
satu jam dengan Aku?
Berjaga-jagalah dan berdoalah
supaya kamu jangan jatuh ke dalam pencubaan;
roh memang penurut tetapi daging lemah."

(Matius 26:40-41)

1. Kehidupan Berdoa: Nafas Roh Kita

Tuhan kita Hidup, berkuasa ke atas hidup, mati, laknat, rahmat, kasih sayang, keadilan, dan kebaikan. Dia tidak mahu anak-anak-Nya jatuh ke dalam pencubaan atau mengalami kesusahan tetapi menjalani kehidupan yang penuh rahmat. Kerana itu Dia mengutuskan Roh Kudus sebagai Pembimbing yang akan membantu anak-anak Dia mengatasi dunia ini, menghalau musuh syaitan, menjalani kehidupan yang gembira, dan mencapai penyelamatan.

Tuhan berjanji di dalam Yeremia 29:11-12, "Sebab Aku ini mengetahui rancangan-rancangan apa yang ada pada Ku mengenai kamu, iaitu rancangan damai sejahtera dan bukan rancangan kecelakaan, untuk memberikan kepadamu hari depan yang penuh harapan. Dan apabila kamu berseru dan datang untuk berdoa kepada-Ku, maka Aku akan mendengarkan kamu."

Jika kita ingin menjalani kehidupan ini dengan aman dan penuh harapan, kita mesti berdoa. Kalau kita terus berdoa dalam kehidupan kita sebagai seorang Kristian, kita tidak akan tergoda, jiwa kita akan berkembang, perkara yang dahulunya kelihatan "tidak mungkin" akan berubah menjadi "mungkin," semua urusan dalam kehidupan kita akan berjalan dengan baik, dan kita akan menikmati kesihatan yang baik. Namun, jika anak-anak Tuhan tidak berdoa, oleh kerana musuh syaitan ada di sekeliling kita seperti singa lapar yang mencari mangsa, kita akan berdepan dengan pencubaan dan mengalami malapetaka.

Sama seperti nyawa akan luput kalau kita tidak bernafas setiap hari, kepentingan doa dalam kehidupan anak-anak Tuhan diberikan penekanan yang tinggi. Kerana itu lah Tuhan perintahkan kita untuk berdoa berterusan (1 Tesalonika 5:17), mengingatkan kita bahawa tidak berdoa adalah satu dosa (1 Samuel 12:23), dan mengajar kita supaya berdoa untuk mengelakkan kita jatuh dalam pencubaan (Matius 26:41).

Orang-orang yang baru sahaja menerima Yesus Kristus untuk kali pertama menganggap berdoa itu susah kerana mereka tidak tahu bagaimana untuk berdoa. Roh kita yang mati dilahirkan semula apabila kita menerima Yesus Kristus dan Roh Kudus. Keadaan roh pada ketika ini adalah seperti kanak-kanak yang baru lahir; memang susah untuk berdoa.

Namun, jika mereka tidak putus asa tetapi terus berdoa dan mentaati Firman Tuhan, roh mereka akan diperkuatkan dan doa mereka menjadi lebih mustajab. Sama seperti manusia tidak boleh hidup tanpa bernafas, mereka mula menyedari bahawa mereka tidak boleh hidup tanpa berdoa.

Ketika zaman kanak-kanak saya, ada kanak-kanak yang bertanding untuk melihat siapa dapat bertahan nafas mereka paling lama. Dua orang kanak-kanak akan mengadap satu sama lain dan menarik nafas panjang. Apabila kanak-kanak lain berkata "Sedia~" dua orang kanak-kanak tadi menarik nafas sepanjang yang boleh. Apabila "pengadil" menjerit "Mula!" dengan riak wajah yang serius, dua orang kanak-kanak tadi menahan nafas.

Pada mulanya, menahan nafas tidak begitu sukar. Dengan berlalunya sedikit masa, mereka mula tersesak dan muka mereka menjadi merah padam. Akhirnya, mereka tidak dapat menahan nafas lagi dan terpaksa menghembus nafas. Tiada seorang pun yang boleh hidup sekiranya pernafasan berhenti.

Hal ini sama dengan berdoa. Apabila seorang rohani berhenti berdoa, pada mulanya dia tidak akan menyedari adanya perbezaan. Namun, dengan berlalunya masa, hati dia mula berasa kecewa dan sengsara. Jika kita dapat melihat roh dia dengan mata kasar kita, mungkin rohnya sudah hampir lemas. Jika dia sedar bahawa semua ini adalah kerana dia berhenti berdoa dan menyambung berdoa semula, dia boleh menjalani kehidupan yang normal dalam Kristus lagi. Namun, jika dia terus melakukan dosa gagal berdoa, hatinya akan merasa lebih sengsara dan tertekan, dan dia akan menghadapi masalah dalam pelbagai aspek kehidupannya.

"Berehat" daripada berdoa bukan lah kehendak Tuhan. Sama seperti kita tercungap-cungap sehingga pernafasan kita kembali normal, untuk kembali kepada kehidupan berdoa masa lalu lebih sukar dan mengambil masa yang lebih lama. Lebih lama anda "berehat", maka lebih lama anda perlukan untuk memulihkan kehidupan berdoa anda.

Mereka yang menyedari bahawa berdoa adalah nafas rohani mereka tidak merasakan berdoa itu meletihkan. Sekiranya mereka lazim berdoa sama seperti mereka menarik dan menghembus nafas, berbanding merasa berdoa itu meletihkan dan susah mereka akan berasa lebih tenang, dipenuhi harapan, dan menjalani kehidupan yang bahagia berbanding tidak berdoa. Ini kerana mereka menerima jawapan-jawapan Tuhan dan memberikan kemuliaan pada dia sebanyak mana mereka berdoa.

2. Sebab-sebab Pencubaan datang kepada Mereka yang Tidak Berdoa

Yesus telah menunjukkan kita contoh cara berdoa dan memberitahu para pengikut-Nya supaya berjaga-jaga dan berdoa supaya mereka tidak jatuh ke dalam pencubaan (Matius 26:41). Sebaliknya, ini bermakna bahawa jika kita tidak berdoa terus-menerus, kami akan jatuh ke dalam pencubaan. Jadi, kenapa pencubaan datang kepada mereka yang tidak berdoa?

Tuhan menciptakan manusia pertama Adam, menghidupkan dia, dan membenarkan dia berkomunikasi dengan Tuhan yang merupakan Roh. Setelah Adam melanggar perintah Tuhan dan memakan daripada pokok pengetahuan baik dan jahat, roh Adam mati, dan komunikasi dia dengan Tuhan terputus, dan dia dihalau keluar dari Taman Eden. Apabila syaitan musuh, penguasa kerajaan di udara, mengambil alih manusia yang tidak lagi boleh komunikasi dengan Tuhan yang merupakan Roh, manusia perlahan-lahan lebih terjerumus ke dalam dosa.

Kerana upah dosa adalah maut (Roma 6:23), Tuhan

menunjukkan kehematan penyelamatan-Nya melalui Yesus Kristus untuk semua umat manusia yang telah ditakdirkan mati. Tuhan memeterai sesiapa yang menerima Yesus Kristus adalah penyelamat sebagai anak-Nya, mengakui bahawa dia adalah pendosa, bertaubat, dan sebagai tanda jaminan Tuhan berikannya Roh Kudus.

Roh Kudus, Pembimbing yang Tuhan mengutuskan mengisytiharkan dunia dalam hal dosa dan kebenaran dan pengadilan (Yohanes 16:8), memanjatkan permohonan untuk kita meminta pertolongan apabila kata-kata tidak dapat meluahkan (Roma 8:26), dan membolehkan kita mengatasi dunia.

Untuk dipenuhi dengan Roh Kudus dan menerima bimbingan-Nya, doa adalah amat perlu. Hanya apabila kita berdoa lah Roh Kudus akan berbicara dengan kita, menggerakkan hati dan minda kita, memberi amaran tentang pencubaan yang akan berlaku, memberitahu kita bagaimana untuk mengelakkan pencubaan tersebut, dan membantu kita mengatasi pencubaan yang melanda kita.

Walau bagaimanapun, tanpa berdoa tiada cara untuk membezakan kehendak Tuhan daripada kehendak manusia. Dalam mengejar nafsu duniawi, mereka yang tidak mempunyai rutin kehidupan berdoa akan hidup berdasarkan tabiat lama mereka dan mengejar apa yang dirasakan betul berdasarkan kepada penilaian tersendiri. Jadi, pencubaan dan kesengsaraan dialami apabila mereka menghadapi pelbagai jenis kesukaran.

Di dalam Yakobus 1:13-15 berfirman, "Apabila seorang dicubai, janganlah ia berkata: "Pencubaan ini datang dari Tuhan!" Sebab Tuhan tidak dapat dicubai oleh yang jahat, dan Dia sendiri tidak mencubai siapapun. Tetapi tiap-tiap orang dicubai oleh keinginannya sendiri, karena ia diseret dan dipikat olehnya. Dan apabila keinginan itu sudah dibuahi, ia melahirkan dosa; dan apabila dosa itu sudah matang, ia melahirkan maut."

Dalam erti kata lain, pencubaan menimpa mereka yang tidak berdoa kerana mereka gagal membezakan kehendak Tuhan daripada kehendak manusia, digoda oleh nafsu duniawi, dan mengalami kesukaran kerana mereka tidak mampu mengatasi pencubaan. Tuhan mahu semua anak-Nya belajar berpuas hati dengan apa jua situasi, untuk mengetahui bagaimana hidup dalam serba kekurangan dan serba kelebihan, dan belajar rahsia berpuas hati dalam semua situasi, sama ada kenyang ataupun lapar, hidup serba kekurangan atau serba kelebihan (Filipi 4:11-12).

Walau bagaimanapun, nafsu duniawi dilayan dan melahirkan dosa dan upah dosa adalah kematian, Tuhan tidak boleh melindungi mereka yang terus melakukan dosa. Selaras dengan dosa yang dilakukan, syaitan musuh menghadapkan mereka dengan tempoh pencubaan dan kesengsaraan. Sesetengah orang yang telah jatuh ke dalam pencubaan mengecewakan Tuhan dengan mengakui bahawa Dian yang menjatuhkan mereka dalam pencubaan dan membawa kepada kesengsaraan mereka. Namun, tindakan berdendam dengan Tuhan ini dan individu seperti itu tidak boleh mengatasi pencubaan dan tidak memberikan sebarang ruang untuk Tuhan melakukan kerja demi kebaikan mereka.

Oleh itu, Tuhan memerintahkan kita untuk memusnahkan spekulasi dan setiap perkara tidak berasas yang dibangkitkan terhadap pengetahuan Tuhan dan memastikan semua fikiran mentaati Kristus (2 Korintus 10:5). Dan Dia mengingatkan kita di dalam Roma 8:6-7, "Kerana keinginan daging adalah maut, tetapi keinginan Roh adalah hidup dan damai sejahtera. Sebab keinginan daging adalah perseteruan terhadap Tuhan, kerana ia tidak takluk kepada hukum Tuhan; hal ini memang tidak mungkin baginya," (Roma 8:6-7).

Kebanyakan maklumat yang kita telah pelajari dan menyimpan di dalam minda sebagai yang "betul" sebelum kita bertemu Tuhan didapati sebenarnya salah dalam cahaya kebenaran. Jadi, kita boleh mengikuti sepenuhnya kehendak Tuhan apabila kita memusnahkan semua teori dan fikiran daging. Selain itu, sekiranya kita ingin menyangkal semua hujah dan dakwaan palsu dan mentaati kebenaran, kita mesti berdoa.

Kadang-kadang, Tuhan kasih sayang membetulkan anak-anak kesayangan-Nya supaya mereka tidak mengambil laluan kemusnahan dan membenarkan pencubaan supaya mereka boleh bertaubat dan kembali ke pangkal jalan. Apabila manusia menilai diri mereka dan bertaubat daripada apa sahaja yang tidak betul di sisi Tuhan, teruskan berdoa, mengharapkan pada Dia yang hanya melakukan kebaikan untuk mereka yang mencintai Dia, dan selalu bersyukur, Tuhan akan melihat iman mereka dan pasti menjawab mereka.

3. Roh Memang Penurut tetapi Daging Lemah

Pada malam sebelum Dia disalib, Yesus dan para hawari-Nya pergi ke suatu tempat bernama Getsemani dan bergelut dalam berdoa. Apabila dia mendapati para hawari-Nya sedang tidur, Yesus mengeluh dan berkata, "Roh memang penurut, tetapi daging lemah" (Matius 26:41).

Di dalam Alkitab terdapat istilah-istilah seperti, "daging," "perkara-perkara daging," dan "kelakuan daging." Di satu sisi, "daging" bertentangan dengan "roh" dan secara amnya merujuk kepada segalanya yang merosakkan dan mengubah. Ia merujuk kepada semua ciptaan, termasuk manusia sebelum ditransformasikan oleh kebenaran, tumbuh-tumbuhan, semua haiwan, dan sebagainya. Di sisi yang lain, "roh" merujuk kepada perkara-perkara yang kekal, benar, dan tidak berubah.

Semenjak keingkaran Adam, semua lelaki dan perempuan dilahirkan dengan mewarisi sifat pendosa, dan ini adalah dosa asal. "Dosa dilakukan sendiri" adalah tindakan-tindakan dusta yang dilakukan hasil daripada hasutan syaitan musuh. Manusia menjadi "daging" apabila dusta mengotori badannya dan badannya bergabung dengan sifat berdosa. Inilah yang disebut dalam Roma 9:8 sebagai "anak-anak menurut daging." Ayat itu berfirman, "bukan anak-anak menurut daging adalah anak-anak Tuhan, tetapi anak-anak perjanjian yang disebut keturunan yang benar." Dan Roma 13:14 memberi amaran pada kita, "Tetapi kenakanlah Tuhan Yesus Kristus sebagai perlengkapan senjata terang dan janganlah merawat tubuhmu untuk memuaskan keinginannya."

Selain itu, "perkara-perkara daging" adalah beraneka jenis sifat-sifat dosa seperti menipu, iri hati, cemburu, dan rasa benci (Roma 8:5-8). Ia belum lagi dilakukan secara fizikal tetapi mungkin boleh mendorong kepada tindakan. Apabila manusia bertindak berdasarkan keinginan ini, ia disebut sebagai "kelakuan daging" (Galatia 5:19-21).

Apakah yang dimaksudkan Yesus dengan "daging lemah"? Adakah dia merujuk kepada keadaan fizikal para hawari-Nya? Sebagai bekas nelayan, Petrus, Yakobus, dan Yohanes adalah lelaki-lelaki di puncak hayat mereka dan mempunyai kesihatan yang baik. Bagi orang yang dah biasa menghabiskan bermalam-malam memukat ikan, sepatutnya berjaga selama beberapa jam pada waktu malam tidak harus menjadi masalah. Walau bagaimana pun, selepas Yesus memberitahu mereka untuk berjaga-jaga bersama-Nya, ketiga-tiga hawari tidak dapat bertahan lalu tertidur. Mereka mungkin telah pergi ke Getsemani dengan Yesus untuk berdoa, namun keinginan ini hanya di dalam hati mereka. Sebaliknya, apabila Yesus memberitahu mereka daging mereka "lemah," Dia bermaksud ketiga-tiga mereka tidak dapat mengatasi keinginan daging yang mendorong mereka untuk tidur dan rehat. Petrus yang merupakan salah seorang hawari Yesus yang tersayang tidak dapat berdoa kerana dagingnya lemah walaupun rohnya penurut, dan apabila Yesus ditangkap dan nyawanya terancam, tiga kali dia menafikan dia kenali Yesus. Ini berlaku sebelum kebangkitan dan kenaikan Yesus ke syurga, dan Petrus terperangkap dalam ketakutan yang mendalam tanpa menerima Roh Kudus. Namun, selepas Petrus menerima Roh Kudus, dia menghidupkan semula orang yang telah mati, menampakkan tanda-tanda ajaib dan mukjizat, dan menjadi cukup berani sehingga disalibkan terbalik. Tanda-tanda kelemahan Petrus tidak dapat ditemui kerana dia telah berubah menjadi seorang rasul kuasa Tuhan yang berani dan tidak takut dengan kematian. Ini adalah kerana Yesus menumpahkan darah yang berharga, bersih, dan tak tercela-Nya dan menebus kita daripada kecacatan kita, kemiskinan, dan kelemahan. Jika kita hidup dengan beriman, dan mentaati Firman Tuhan, kita akan menikmati kesihatan yang baik kedua-dua badan dan roh, dan dapat melakukan apa yang mustahil bagi manusia, dan segala-galanya mungkin bagi kita.

Kadang-kadang, sesetengah orang melakukan dosa, namun, daripada bertaubat akan dosa-dosa itu, mereka dengan cepat berkata "Daging lemah" dan mereka berfikir melakukan dosa adalah perkara semulajadi. Mereka ini mengeluarkan kata-kata sebegitu keran mereka tidak mengetahui kebenaran. Andai kata seorang ayah memberikan anaknya $1,000. Bukankah tidak masuk akal sekiranya anak itu masukkan duit ke dalam poketnya kemudian berkata kepada ayahnya, "Saya tidak ada wang; walaupun satu sen"? Betapa kecewa bapanya jika anaknya - masih mempunyai $1,000 di dalam poketnya - menahan lapar tanpa membeli apa-apa makanan? Jadi, bagi mereka yang telah menerima Roh Kudus, "Daging adalah lemah" salah.

Saya telah melihat ramai orang tidur pada pukul 10 malam, sekarang menghadiri "Perkhidmatan Malam Jumaat" selepas berdoa dan menerima bantuan Roh Kudus. Mereka tidak letih atau mengantuk dan memberikan setiap Jumaat malam kepada Tuhan dalam kepenuhan Roh Kudus. Ini adalah kerana dalam kepenuhan Roh Kudus, mata rohani manusia menjadi jelas, hati mereka dipenuhi keseronokan, dan mereka tidak merasa letih dan badan mereka berasa lebih ringan.

Oleh kerana kita hidup di dalam zaman Roh Kudus, kita sepatutnya tidak gagal untuk berdoa atau melakukan dosa kerana "daging adalah lemah." Sebaliknya, dengan menjaga diri kita dan berdoa terus-menerus, kita mesti menerima bantuan Roh Kudus dan membuang perkara-perkara serta perbuatan-perbuatan daging dan sebagainya, bersemangat menjalani kehidupan kita dalam Kristus dengan sentiasa hidup menurut kehendak Tuhan untuk kita.

4. Rahmat bagi Orang yang Menjaga Diri Mereka dan Berdoa

1 Petrus 5:8-9 mengatakan, "Sedarlah dan berjaga-jagalah. Lawanmu, si Iblis, berjalan di keliling sama seperti singa yang mengaum dan mencari orang yang dapat ditelannya. Lawanlah dia dengan iman yang teguh, sebab kamu tahu, bahawa semua saudaramu di seluruh dunia menanggung penderitaan yang sama" Musuh iaitu Iblis dan syaitan, penguasa kerajaan udara, berusaha untuk menyesati orang yang beriman kepada Tuhan dan mencegah umat-Nya dari memiliki iman setiap peluang yang mereka ada.

Jika seseorang mahu mencabut pokok, dia akan cuba menggoyangkannya dahulu. Jika batangnya besar dan tebal serta pokok itu berakar umbi terlalu dalam di dalam tanah, dia akan berputus asa dan cuba menggoyangkan pokok yang lain. Apabila pokok kedua seolah-olah boleh dicabut dengan lebih mudah daripada yang pertama, dia akan menjadi lebih bersemangat dan menggoncang pokok itu dengan lebih kuat. Dengan cara yang sama, syaitan yang bertujuan untuk menarik kita akan dihalau jika kita kekal kukuh. Jika kita goyah walaupun sedikit, syaitan musuh akan terus menggoda untuk menjatuhkan kita.

Dalam usaha untuk membezakan dan memusnahkan rancangan syaitan dan hidup di dalam cahaya mengikut Firman Tuhan, kita mesti bergelut dalam doa dan menerima kekuatan yang diberikan Tuhan serta kuasa dari atas. Yesus adalah satu-satunya Anak Tuhan yang dapat mencapai segalanya mengikut firman TUhan kerana kuasa doa. Sebelum Dia memulakan kementerian awam-Nya, Yesus bersiap sedia dengan berpuasa empat puluh hari empat puluh malam, dan selama tiga tahun di kementerian, Dia menunjukkan kuasa Tuhan yang menakjubkan dengan berdoa secara berterusan. Pada akhir kementerian awam, Yesus boleh memusnahkan kuasa kematian dan mengatasinya melalui kebangkitan kerana Dia bergumul dalam doa di Getsemani. Itulah sebabnya Tuhan kita menggesa kita untuk "Bertekunlah dalam doa dan berjaga-jagalah di dalamnya dengan sikap syukur" (Kolose 4:2), dan "akhir segala sesuatu sudah dekat; oleh itu, menjadi pertimbangan yang wajar dan semangat tenang untuk tujuan solat" (1 Petrus 4: 7). Dia juga mengajar kita untuk berdoa, "Dan janganlah membawa kami ke dalam godaan, tetapi lepaskanlah kami dari yang jahat" (Matius 6:13). Mencegah diri kita daripada jatuh ke dalam godaan adalah sangat penting. Jika anda tergoda, ia bermakna anda belum mengatasinya, semakin letih dan mengecut kembali di dalam keimanan anda - yang tidak disukai oleh Tuhan.

Apabila kita berhati-hati dan berdoa, Roh Kudus mengajar kita untuk berjalan di jalan yang betul dan kita berlawan dan membuang dosa kita. Selain itu, jika jiwa kita tenang, hati kita akan menyerupai Tuhan kita, kita akan berjaya dalam segala urusan kehidupan, dan kita akan menerima berkat kesihatan yang baik.

Doa adalah kunci untuk mmenjadikan kehidupan kita berjalan lancar dan menerima berkat kesihatan yang baik dalam badan dan semangat. Kita telah dijanjikan dalam 1 Yohanes

5:18 "Kita tahu, bahawa setiap orang yang lahir dari Tuhan, tidak berbuat dosa; tetapi Dia yang lahir dari Tuhan melindunginya, dan si jahat tidak dapat menyentuhnya." Itulah sebabnya apabila kita berhati-hati, berdoa, dan berjalan di dalam terang, maka kita akan selamat dari syaitan dan walaupun kita jatuh ke dalam godaan, Tuhan akan menunjukkan kepada kita cara untuk melarikan diri, dalam semua perkara, bekerja untuk kebaikan bagi siapa yang mengasihi Dia.

Sebab Tuhan memberitahu kita untuk berdoa terus-menerus, kita mesti menjadi anak-anak yang diberkati-Nya yang menjalani kehidupan kita dalam Kristus dengan menjaga diri kita, menghalau jauh syaitan, dan menerima segala-galanya yang mana Tuhan berhasrat untuk memberkati kita.

Dalam 1 Tesalonika 5:23 kita dapat, "Semoga Tuhan damai sejahtera menguduskan kamu seluruhnya; dan semoga roh, jiwa dan badan kamu terpelihara, tanpa menyalahkan pada kedatangan Tuhan kita Yesus Kristus."

Semoga kamu masing-masing menerima bantuan Roh Kudus dengan menjaga diri dan berdoa lazimnya, datang untuk memiliki hati yang tidak bersalah dan bersih sebagai anak Tuhan dengan membuang semua sifat berdosa dalam diri anda dan menyunat hatimu dengan Roh Kudus, menikmati kuasa sebagai anak-Nya di mana jiwa anda makmur, segala-galanya dalam hidup anda berjaya dan anda menerima berkat kesihatan yang baik, dan memuliakan Tuhan dalam semua yang anda lakukan, dalam nama Tuhan kita Yesus Kristus aku berdoa!

Bab 5

Doa Seorang yang Lelaki Beriman

Doa berkesan oleh seorang lelaki beriman
boleh mencapai berbagai-bagai perkara.
Elia adalah manusia biasa sama seperti kita,
dan dia berdoa dengan bersungguh-sungguh
supaya tidak akan hujan,
dan hujan tidak turun di bumi selama tiga tahun enam bulan.
Kemudian dia berdoa semula,
dan langit menurunkan hujan
dan bumi menghasilkan buahnya.

(Yakobus 5:16 -18)

1. Doa Keimanan yang Menyembuhkan Orang Sakit

Apabila kita melihat kembali kehidupan kita, ada ketikanya kita berdoa di tengah-tengah penderitaan dan masa apabila kita memuji dan bergembira selepas menerima jawapan Tuhan. Ada ketikanya kita berdoa dengan orang lain untuk penyembuhan orang-orang yang kita sayangi dan ketika kita memberikannya kemuliaan kepada Tuhan selepas mencapai dengan berdoa apa yang mustahil bagi manusia.

Di dalam Ibrani 11 terdapat banyak rujukan kepada keimanan. Kita diingatkan dalam ayat 1 bahawa "Sekarang iman adalah jaminan perkara yang diharapkan, sabitan perkara yang tidak dilihat," manakala "Tanpa iman tidak mungkin orang berkenan kepada-Nya, sebab dia yang datang kepada Tuhan mesti percaya bahawa Dia dan Dia memberi upah kepada orang-orang yang mencari-Nya "(Ayat 6).

Iman adalah sebahagian besarnya dibahagikan kepada "niat duniawi" dan "iman rohani." Dari sudut lain, dengan keimanan duniawi kita boleh percaya dengan firman Tuhan hanya apabila Firman mengikut pemikiran kita. Keimanan duniawi ini tidak membawa apa-apa perubahan kepada kehidupan kita. Sebaliknya, dengan keimanan rohai kita dapat mempercayai kuasa Tuhan yang hidup dan firman-Nya walaupun ianya tidak selari dengan teori dan pemikiran kita. Seperti mana kita percaya dalam kerja-kerja Tuhan yang mencipta sesuatu daripada ketiadaan, kita mengalami perubahan yang ketara dalam kehidupan kita dan juga tanda-tanda ajaib-Nya dan keanehan, dan mempercayai bahawa segala-galanya tidak mustahil bagi orang-orang yang beriman. Itulah sebabnya Yesus berkata kepada kami, "Tanda-tanda ini akan menemani orang-orang yang telah beriman dengan nama-Ku mereka akan mengusir syaitan, mereka akan berbicara dalam bahasa-bahasa yang baru; mereka akan mengambil ular, dan sekalipun mereka minum racun maut, mereka tidak akan mendapat celaka; mereka akan meletakkan tangannya ke atas orang sakit, dan orang itu akan sembuh "(Markus 16: 17-18)," Tidak ada yang mustahil bagi orang yang percaya! "(Markus 09:23), dan bahawa" Kerana itu Aku berkata kepadamu, semua perkara yang mana kamu berdoa dan meminta, percaya bahawa kamu telah menerimanya, dan ia akan ditunaikan "(Mark 11:24).

Bagaimana kita boleh memiliki keimanan rohani dan mempunyai pengalaman secara langsung dengan kuasa Tuhan kita yang hebat? Paling penting sekali, kita harus ingat bahawa rasul Paulus berkata dalam 2 Korintus 10:5, ". Kami memusnahkan spekulasi dan setiap perkara yang tinggi dibangkitkan menentang pengetahuan Tuhan, dan kami mengambil segala fikiran dan menaklukkannya kepada ketaatan Kristus" Kita mesti tidak lagi menginginkan pengetahuan sebenar yang kita telah berkumpul sehingga ke tahap ini. Sebaliknya, kita patut merobohkan setiap pemikiran dan teori yang melanggar Firman Tuhan, membuat diri kita taat kepada Firman-Nya yang benar, dan hidup dengannya. Sebanyak mana kita robohkan pemikiran duniawi dan membuang tuduhan dusta dalam diri kita, jiwa kita akan berjaya dan kita akan memiliki keimanan rohani yang kita boleh percaya.

Iman rohani adalah ukuran iman, yang telah diberikan oleh Tuhan kepada kita (Roma 12:3). Setelah mengajar Injil dan menerima Yesus Kristus pada mulanya, iman kita adalah sekecil biji sawi. Selepas kita terus tekun menghadiri acara-acara ibadah, mendengar Firman Tuhan, dan hidup dengannya, kita menjadi yang lebih beriman. Tambahan pula, sebagaimana iman kita bertambah menjadi kepercayaan yang tinggi, tanda-tanda yang mengiringi orang yang beriman pasti akan menemani kita.

Dalam berdoa untuk menyembuhkan orang sakit, apa yang perlu ditanamkan dalam doa itu adalah keimanan rohani bagi mereka yang berdoa. Untuk perwira itu - hamba yang telah menjadi lumpuh dan berada dalam penderitaan yang amat berat - dipaparkan di dalam Matius 8 percaya bahawa hamba-Nya akan sembuh jika Yesus hanya menyebutnya, hamba-Nya itu sembuh serta-merta (Matius 8:5-13).

Lebih-lebih lagi, apabila kita berdoa untuk orang sakit, kita mesti berani dalam iman kita dan tiada keraguan lagi kerana Firman Tuhan memberitahu kita, "Hendaklah ia memintanya dalam iman tanpa sebarang perselisihan, kerana orang yang dalam keraguan adalah seperti ombak laut , didorong dan dilambung oleh angin. Bagi seorang lelaki yang tidak patut menjangkakan bahawa dia akan menerima apa-apa daripada Tuhan "(Yakobus 1:6-7).

Tuhan suka dengan iman yang kuat dan mantap yang tidak bergoyang, dan apabila kita bersatu dalam kasih sayang dan mendoakan orang sakit dengan iman, Tuhan bekerja dengan lebih hebat. Bagi penyakit adalah hasil daripada dosa dan Tuhan adalah Tuhan Penyembuh kami (Keluaran 15:26), apabila kita mengaku dosa kita kepada satu sama lain dan berdoa untuk satu sama lain, Tuhan memberikan kita pengampunan dan penyembuhan.

Apabila kamu berdoa dengan iman rohani dan cinta rohani, kamu akan mengalami kerja-kerja Tuhan yang besar, membuktikan cinta Tuhan kita, dan memuliakan-Nya.

2. Doa yang Berkuasa dan Berkesan adalah Doa Seorang Lelaki Beriman

Menurut Kamus The Merriam-Webster, orang beriman adalah seorang yang "bertindak sesuai dengan undang-undang ilahi atau akhlak; bebas dari kesalahan atau dosa. " Namun, Roma 3:10 memberitahu kita bahawa, "Tidak ada seorang pun yang benar, tidak ada seorang pun." Dan Tuhan berkata, "Bukan para pendengar Undang-Undang yang berlaku adil di hadapan Tuhan, tetapi pengamal Undang-Undang akan diadili" (Roma 2:13), dan "dengan kerja dari Undang Duniawi akan diadili dalam penglihatan-Nya; kerana Undang-undang datang dari pengetahuan dosa "(Roma 3:20).

Dosa masuk ke dalam dunia oleh ketidaktaatan Adam, manusia pertama dicipta dan ramai orang menjadi terkutuk melalui dosa seorang lelaki (Roma 5:12, 18). Kepada manusia yang tidak selaras dengan kemuliaan-Nya, selain dari Undang-undang, kebenaran Tuhan yang telah dinyatakan, walaupun kebenaran Tuhan datang melalui iman dalam Yesus Kristus untuk semua orang-orang yang beriman (Roma 3:21-23).

Oleh kerana "kebenaran" dunia ini berubah-ubah mengikut nilai setiap generasi, ia tidak boleh menjadi standard sebenar bagi kebenaran. Walau bagaimanapun, Tuhan tidak pernah berubah, kebenaran-Nya boleh menjadi standard untuk kebenaran sejati.

Oleh itu, di dalam Roma 3:28, "kami menegaskan bahawa seorang lelaki dibenarkan oleh iman selain dari perbuatan-perbuatan bagi Undang-Undang itu." Namun, kami tidak membatalkan undang-undang dengan iman kita, tetapi sebaliknya mendirikannya (Roma 3:31).

Jika kita dibenarkan oleh iman, kita mesti menanggung hasil yang tiba di kekudusan yang membebaskan diri daripada dosa dan menjadi hamba Tuhan. Kita mesti berusaha untuk menjadi benar-benar beriman dengan membuang mana-mana perkara yang tidak benar yang melanggar Firman Tuhan serta hidup dengan Firman-Nya kebenaran itu sendiri.

Tuhan menyatakan orang "beriman" yang penuh keyakinan disertai dengan perbuatan dan yang berjuang untuk hidup dengan Firman-Nya, serta menyatakan pekerjaan-Nya sebagai tindak balas kepada permohonan mereka. Bagaimana Tuhan akan menjawab seseorang yang menghadiri gereja tetapi telah membina dinding dosa antara dirinya dan Tuhan melalui derhaka kepada kedua orang tuanya, perpecahan dengan saudara-saudaranya, dan melakukan salah laku?

Tuhan menjadikan doa orang yang benar - orang yang taat dan hidup dengan Firman Tuhan dan membawa bersamanya bukti cintanya kepada Tuhan - yang kuat dan berkesan dengan memberinya kekuatan doa.

Dalam Lukas 18:1-18 adalah perumpamaan seorang Janda yang Gigih. Ia mengisahkan tentang seorang janda dan kes dia dibawa ke hadapan hakim yang tidak takut akan Tuhan dan tidak menghormati manusia. Walaupun hakim tidak takut akan Tuhan dan tidak peduli tentang lelaki, dia akhirnya berakhir membantu janda tersebut. Hakim itu berkata kepada dirinya sendiri, "Walaupun aku tidak takut akan Tuhan dan tidak menghormati manusia, namun kerana janda ini mengganggu aku, aku akan memberikan perlindungan undang-undang, jika tidak, dengan terus-menerus datang dia akan memakai mengangguku."

Pada akhir perumpamaan Yesus berkata, "Dengarlah apa yang dikatakan hakim tidak beriman ini; sekarang, apakah Tuhan tidak akan membawa keadilan pilihan-Nya yang berseru kepada-Nya siang dan malam, dan Dia akan melambatkannya ke atas mereka? Aku berkata kepadamu: Dia akan membawa keadilan kepada mereka dengan cepat "(Lukas 18: 7-8).

Apabila kita melihat, ada orang yang mengaku sebagai anak-anak Tuhan, berdoa siang dan malam dan berpuasa dengan kerap, tetapi tidak menerima jawapan-Nya. Individu ini patut menyedari bahawa mereka masih belum beriman di mata Tuhan.

Filipi 4:6-7 memberitahu kita, "Jadilah bimbang untuk apa-apa, tetapi nyatakanlah dalam segala doa dan permohonan dengan ucapan syukur permintaan anda dimaklumkan kepada Tuhan. Maka sejahtera Tuhan, yang melampaui segala kefahaman, akan menjaga hati dan fikiranmu yang sudah bersatu dengan Kristus Yesus. " Bergantung kepada betapa "benarnya" seseorang itu di mata Tuhan dan berdoa dengan iman dan cinta, tahap dia menerima jawapan Tuhan akan berbeza-beza. Selepas dia telah memenuhi kelayakan sebagai orang yang benar dan berdoa, dia boleh menerima jawapan Tuhan dengan cepat dan memberikan kemuliaan kepada-Nya. Oleh itu, adalah amat penting bagi orang ramai untuk meruntuhkan dinding dosa yang menghalang ke jalan kepada Tuhan, dan memiliki kelayakan untuk diisytiharkan sebagai yang "beriman" di mata Tuhan, dan berdoa bersungguh-sungguh dengan iman dan cinta.

3. Hadiah dan Kuasa

"Hadiah" adalah hadiah-Nya yang Tuhan berikan secara bebas dan merujuk kepada kerja-kerja khas Tuhan dalam kasih-Nya. Lebih banyak seseorang itu berdoa, lebih banyak dia akan datang kepada keinginan dan meminta hadiah dari Tuhan. Kadang-kala, dia mungkin meminta hadiah dari Tuhan mengikut keinginan duniawinya. Ini adalah untuk membawa kemusnahan kepada dirinya sendiri dan untuk ianya tidak betul dari pandangan Tuhan, seseorang mesti memelihara dirinya daripada melakukan seperti ini.

Dalam Kisah 8 mengisahkan seorang ahli sihir yang bernama Simon, selepas disampaikan tentang Injil oleh Philip, mengikuti Philip ke mana sahaja, dan kagum dengan tanda-tanda besar dan keajaiban dia lihat (ayat 9-13). Apabila Simon melihat bahawa

Roh Kudus telah diberikan pada penumpangan tangan Petrus dan Yohanes, dia menawarkan wang rasul lalu bertanya kepada mereka: "Berikan kuasa ini kepada aku juga, supaya setiap orang yang aku sentuh boleh menerima Roh Kudus "(ayat 17-19). Dalam jawapannya, Petrus menegur Simon: "Semoga perak kau binasa bersama kau, kerana kau fikir kau boleh mendapatkan kurnia Tuhan dengan wang! Kau tidak mempunyai bahagian dalam perkara ini, kerana hatimu tidak lurus di hadapan Tuhan. Jadi bertaubatlah dari kejahatanmu ini dan berdoalah kepada Tuhan supaya, jika boleh, niat bagi hati kau dapat diampuni. Aku melihat bahawa kau berada dalam hempedu kepahitan dan dalam perhambaan yang zalim "(Ayat 20-23).

Oleh kerana hadiah diberikan kepada mereka yang menunjukkan Tuhan yang hidup dan menyelamatkan manusia, ianya mesti dinyatakan di bawah pengawasan Roh Kudus. Oleh itu, sebelum memohon kepada Tuhan atas kurniaan-Nya, kita perlu berusaha untuk menjadi yang beriman di mata-Nya.

Selepas jiwa kita makmur dan kita telah membentuk diri kita ke dalam instrumen yang Tuhan boleh gunakan, Dia membenarkan kita untuk meminta hadiah dalam ilham Roh Kudus dan memberikan kita hadiah yang kita minta.

Kita tahu bahawa setiap daripada iman nenek moyang kita telah digunakan oleh Tuhan untuk pelbagai tujuan. Ada banyak yang memperlihatkan kuasa Tuhan, yang lain hanya seperti nabi tanpa diperlihatkan kuasa Tuhan, dan yang lain hanya mengajar orang. Lebih banyak mereka memiliki iman yang sempurna dan kasih sayang, Tuhan memberikan kepada mereka kuasa yang lebih besar dan membenarkan mereka untuk menyatakan kerja-

kerja yang lebih besar.

Apabila dia hidup sebagai seorang putera Mesir, kemarahan Musa adalah begitu tinggi sehinggakan dia membunuh orang Mesir (Keluaran 02:12). Selepas banyak ujian, Musa menjadi seorang yang rendah hati, lebih rendah hati daripada orang lain di muka bumi, dan kemudian menerima kuasa yang besar. Dia membawa orang Israel keluar dari Mesir dengan menunjukkan pelbagai tanda dan mukjizat (Bilangan 12:3).

Kita juga tahu doa Nabi Elia seperti yang ditulis dalam Yakobus 5:17-18, "Elia adalah manusia biasa sama seperti kita, dan ia berdoa dengan sungguh-sungguh bahawa ia tidak turun hujan, dan ia tidak turun di bumi selama tiga tahun dan enam bulan. Kemudian dia berdoa semula, dan langit menurunkan hujan dan bumi menghasilkan buahnya."

Seperti yang kita lihat dan seperti yang Alkitab beritahu kita, doa orang yang benar adalah kuat dan berkesan. Kekuatan dan kuasa orang yang beriman dibezakan. Walaupun terdapat doa yang mana orang tidak dapat menerima jawapan Tuhan walaupun selepas berkali-kali berdoa, terdapat juga doa kekuatan yang besar yang membawa jawapan-Nya ke bawah serta memperlihatkan kuasa-Nya. Tuhan gembira untuk menerima doa iman, cinta, dan pengorbanan, serta membolehkan orang ramai untuk memberi kemuliaan kepada-Nya melalui pelbagai hadiah dan kuasa-Nya yang diberikan kepada manusia.

Walau bagaimanapun, kami tidak beriman dari awal; hanya selepas menerima Yesus Kristus mempunyai kita menjadi benar mengikut iman. Kita menjadi benar seperti yang kita menyedari dosa dengan mendengar Firman-Nya, membuang tuduhan dusta, dan mempunyai jiwa yang tenang. Tambahan pula, untuk kita berubah menjadi lebih beriman seperti mana yang kita hidup dan berjala di dalam keterangan dan kebenaran, tiap-tiap hari dalam kehidupan kita mesti diubah mengikut Tuhan supaya kita juga boleh mengaku cara rasul Paulus, "Aku mati setiap hari "(1 Korintus 15:31).

Saya menggesa anda untuk melihat kembali hidup anda bawa sehingga kini dan lihat sama ada terdapat dinding yang berdiri menghalang jalan anda kepada Tuhan, jika ya, robohkannya tanpa berlengah-lengah.

Semoga setiap kamu taat dengan iman, pengorbanan dalam cinta, dan berdoa sebagai seorang yang benar supaya anda akan dapat dinyatakan benar, menerima kebaikan-Nya dalam semua yang anda lakukan, dan memuliakan Tuhan tanpa tempahan, dalam nama Tuhan aku berdoa!

Bab 6

Kuasa Hebat dari Berdoa
dalam Persetujuan

Sekali lagi Aku berkata kepadamu,
bahawa jika kamu berdua bersetuju di bumi
mengenai apa-apa yang mereka tanyakan,
ia akan dilakukan untuk mereka
oleh Bapa-ku yang berada di syurga.
Kerana apabila dua atau tiga
telah berkumpul bersama-sama dalam nama-Ku,
Aku ada di kalangan mereka.

(Matius 18:19-20)

1. Tuhan gembira untuk Menerima Doa dalam Persetujuan

Pepatah Korea memberitahu kita, "Adalah lebih baik untuk mengangkat bersama-sama walaupun sekeping kertas." Bukannya mengasingkan diri sendiri dan cuba untuk melakukan segala-galanya sendiri, pepatah kuno ini mengajar kita, kecekapan akan meningkat dan hasil yang lebih baik boleh dijangka apabila dua atau lebih orang yang bekerja bersama-sama. Kristian yang menekankan cinta untuk jiran-jiran dan komuniti gereja perlu menjadi contoh yang baik dalam hal ini.

Pengkhotbah 4:9-12 memberitahu kita, "Dua lebih baik daripada satu kerana mereka mempunyai pulangan yang baik bagi usaha mereka. Jika salah seorang daripada mereka jatuh, seorang lagi yang akan mengangkat sahabatnya. Akan tetapi, celakalah orang yang jatuh apabila tidak ada lagi siapa untuk mengangkat dia. Tambahan pula, jika dua orang berbaring bersama-sama mereka oleh berkongsi haba, tetapi bagaimana seseorang boleh menjadi panas dengan berseorangan? Dan jika seseorang dapat mengatasi kehebatan orang yang bersendirian, kedua-duanya boleh menentangnya.. Wayar tiga lembar tidak cepat musnah. " Ayat-ayat ini mengajar kita bahawa apabila orang bersatu dan bekerjasama, kuasa yang besar dan kegembiraan boleh dihasilkan.

Dengan cara yang sama, Matius 18:19-20 memberitahu kita betapa pentingnya untuk orang yang beriman datang bersama-sama dan berdoa dalam persetujuan. Terdapat "doa individu" di mana orang berdoa untuk masalah mereka sendiri secara individu atau berdoa kerana mereka merenungkan Firman dalam masa yang tenang, dan "doa dalam perjanjian" di mana beberapa orang berkumpul untuk berseru kepada Tuhan.

Ketika Yesus memberitahu kita "jika anda berdua bersetuju di bumi" dan "di mana dua atau tiga telah berkumpul dalam nama-Ku," doa dalam persetujuan merujuk kepada doa yang banyak dalam satu fikiran. Tuhan memberitahu kita bahawa Dia gembira untuk menerima doa dalam persetujuan dan janji-janji kita Dia akan melakukan apa sahaja kita minta kepada-Nya dan hadir apabila dua atau tiga orang datang demi nama Tuhan kita.

Bagaimana kita boleh memuliakan Tuhan dengan jawapan yang kita terima daripada-Nya melalui doa dalam persetujuan di rumah dan gereja, dan dalam kumpulan serta sel kita? Marilah kita menyelidiki kepentingan dan kaedah doa dalam persetujuan dan menggunakan kuasanya supaya kita boleh menerima apa-apa dari Tuhan kerana kita berdoa bagi kerajaan-Nya, kebenaran, dan gereja, serta sangat memuliakan-Nya.

2. Kepentingan Doa dalam Persetujuan

Dalam yang pertama daripada ayat-ayat di mana Bab ini adalah berdasarkan, Yesus memberitahu kita, "Sekali lagi Aku berkata kepadamu, bahawa jika kamu berdua bersetuju di atas bumi ini apa-apa yang mereka boleh minta, ia hendaklah diadakan baginya oleh Bapa-Ku yang di syurga "(Matius 18:19). Di sini kita menemui sesuatu yang pelik. Ia bukan merujuk kepada doa "satu orang", "tiga orang" atau "dua atau lebih ramai orang," mengapa Yesus khususnya mengatakan "jika anda berdua bersetuju tentang apa sahaja di atas bumi ini yang mereka boleh minta" dan meletakkan penekanan kepada "dua" orang?

"Dua daripada kamu" di sini bermaksud, dari segi relatif, setiap daripada kita "I" dan seluruh manusia. Dalam erti kata lain, "kamu berdua" boleh merujuk kepada satu orang, sepuluh orang, seratus orang, atau seribu orang, sebagai tambahan kepada diri sendiri.

Kemudian, apakah kepentingan rohani "di antara kamu berdua"? Kami mempunyai kita "diri" sendiri dan dalam diri kita tempat tinggal Roh Kudus dengan watak-Nya sendiri. Seperti dalam Rom 8:26, "Dengan cara yang sama Roh juga membantu kelemahan kita; kerana kita tidak tahu bagaimana untuk berdoa seperti yang sepatutnya, tetapi Roh sendiri berdoa untuk kita kepada Tuhan dengan keluhan terlalu dalam untuk kata-kata, "Roh Kudus sendiri berdoa untuk kita menjadikan hati kita sebuah kuil di mana ia tinggal.

Kita menerima kuasa yang kita berhak sebagai anak-anak Tuhan apabila kita mula-mula percaya kepada-Nya dan menerima Yesus sebagai Penyelamat kita. Roh Kudus datang dan menghidupkan roh kita yang telah mati kerana dosa asal kita. Oleh itu, dalam setiap anak Tuhan terdapat di hatinya sendiri dan Roh Kudus dengan watak-Nya sendiri.

"Dua orang di bumi" ertinya doa hati kita sendiri dan doa roh kita yang mana pengantaraan Roh Kudus (1 Korintus 14:15;

Roma 8:26). Untuk mengatakan "dua orang di bumi untuk bersetuju mengenai apa sahaja yang mereka minta" bermakna bahawa kedua-dua doa yang ditawarkan kepada Tuhan dalam persetujuan. Tambahan pula, apabila Roh Kudus menyertai seorang dalam doa atau dua orang atau lebih orang dalam doa mereka, ia adalah untuk "berdua" di bumi ini untuk bersetuju tentang apa sahaja yang anda minta.

Dengan mengingati kepentingan doa dalam persetujuan, kita mesti merasakan kepenuhan bagi janji Tuhan, "Sekali lagi Aku berkata kepadamu, bahawa jika kamu berdua bersetuju di atas bumi ini apa-apa yang mereka boleh minta, ia hendaklah diadakan baginya oleh Bapa-Ku yang di syurga "(Matius 18:19).

3. Kaedah Doa dalam Persetujuan

Tuhan gembira untuk menerima doa dalam persetujuan, memberikan jawapan-Nya dengan cepat untuk doa itu, dan menyatakan kerja-Nya yang besar kerana orang berdoa kepada-Nya dengan satu hati.

Ia pasti akan menjadi sumber kegembiraan melimpah, keamanan, dan kemuliaan yang tidak terhingga kepada Tuhan jika Roh Kudus dan setiap daripada kita berdoa dengan satu hati. Kami akan dapat menurunkan "Jawapan api" dan terus terang memberi keterangan kepada Tuhan yang hidup. Namun, untuk menjadi "satu hati" bukanlah tugas yang mudah dan membawa hati kita kepada persetujuan membawa implikasi yang amat penting.

Katakan seorang hamba mempunyai dua tuan. Tidakkah kesetiaannya dan hati bagi perkhidmatannya terbahagi kepada dua? Masalah ini menjadi lebih serius jika dua tuan bagi hamba itu memiliki personaliti dan citarasa yang berbeza.

Sekali lagi, andaikan dua orang datang bersama-sama untuk membuat rancangan untuk satu acara. Namun, jika mereka gagal untuk menjadi satu fikiran dan sebaliknya kekal dibahagikan dalam pendapat mereka sendiri, ia akan menjadi lebih selamat untuk membuat kesimpulan bahawa ada perkara yang tidak kena. Lebih-lebih lagi, jika kedua-dua melakukan kerja-kerja mereka sendiri dengan dua matlamat yang berbeza di dalam hati, perancangan mereka mungkin kelihatan berjalan dengan baik di luar tetapi hasilnya pasti akan menunjukkan sebaliknya. Oleh itu, keupayaan untuk menjadi satu hati sama ada berdoa sahaja, dengan orang lain, atau dengan dua atau lebih ramai orang adalah kunci untuk menerima jawapan Tuhan.

Bagaimana, maka, kita boleh menjadi sehati dalam doa?

Orang berdoa dalam persetujuan mesti berdoa dengan inspirasi Roh Kudus, diambil oleh Roh Kudus, bersatu dengan Roh Kudus, dan berdoa dalam Roh Kudus (Efesus 6:18). Untuk Roh Kudus membawa dengan-Nya fikiran Tuhan, Dia menyelidiki segala sesuatu, bahkan kedalaman Tuhan (1 Korintus 2:10) dan berdoa untuk kita mengikut kehendak Tuhan (Roma 8:27). Apabila kita berdoa cara Roh Kudus membawa minda kita, Tuhan gembira untuk menerima doa kita, memberikan kita apa-apa yang kita minta, dan juga jawapan kehendak hati kita.

Dalam usaha untuk berdoa dalam kepenuhan Roh Kudus,

kita mesti percaya dalam Firman Tuhan tanpa ragu, patuh dalam kebenaran, bergembira selalu, berdoa terus-menerus, dan bersyukur dalam semua keadaan. Kita juga harus menyeru kepada Tuhan dari hati kita. Apabila kita menunjukkan kepada Tuhan iaitu iman yang disertai dengan perbuatan dan perlakuan dalam doa, Tuhan suka dan memberikan kita kegembiraan melalui Roh Kudus. Ini dikatakan "dipenuhi dengan" dan "yang diilhamkan oleh" Roh Kudus.

    Sesetengah orang yang beriman yang baru atau mereka yang tidak berdoa secara tetap belum menerima kuasa doa dan dengan itu cenderung untuk merasakan doa dalam persetujuan itu sukar. Jika individu itu cuba untuk berdoa selama satu jam, mereka cuba untuk mengeluarkan semua jenis topik doa lagi dapat berdoa untuk jam yang penuh. Mereka menjadi lesu dan letih, cemas menunggu masa untuk lulus dengan cepat, dan akhirnya membebel dalam doa. Doa seperti itu adalah "doa jiwa" yang Tuhan tidak boleh jawab.

    Bagi kebanyakan orang, walaupun mereka telah menghadiri gereja selama lebih daripada satu dekad, doa mereka masih doa dari jiwa. Bagi kebanyakan orang yang mengadu atau menjadi tawar hati kerana kekurangan jawapan Tuhan tidak boleh menerima jawapan-Nya kerana doa mereka adalah dari jiwa. Namun, ini bukan untuk mengatakan bahawa Tuhan telah berpaling dari permohonan mereka. Tuhan mendengar doa mereka; Dia hanya tidak dapat menjawabnya.

    Ada juga boleh bertanya, "Adakah ini bermakna ia adalah sia-sia untuk berdoa kerana kita berdoa tanpa ilham Roh Kudus?" Namun, ia bukan begitu. Walaupun mereka hanya berdoa dalam pemikiran mereka, kerana mereka bersungguh-sungguh berseru kepada Tuhan pintu-pintu doa akan terbuka dan mereka akan menerima kuasa doa serta dapat berdoa dalam roh. Tanpa doa, pintu-pintu doa tidak boleh dibuka. Sebab Tuhan mendengar juga doa jiwa, sekali pintu-pintu doa terbuka, anda akan bersatu dengan Roh Kudus, dan dapat berdoa dalam ilham Roh Kudus, serta menerima jawapan yang mana anda telah minta pada masa lalu.

Katakan ada seorang anak lelaki yang tidak menyenangi bapanya. Oleh kerana anak itu tidak mampu menyenangkan hati bapanya dengan perbuatannya, dia tidak dapat menerima apa-apa yang diminta dari bapanya. Namun, satu hari anak mula untuk menggembirakan bapa melalui perlakuannya dan bapa mula menemui anaknya di hati. Sekarang, bagaimana bapa akan mula melayan anaknya? Ingat bahawa hubungan mereka tidak lagi sama seperti masa lalu. Bapa mahu memberi apa-apa anaknya dia minta kepadanya dan anak mendapat perkara-perkara yang telah diminta pada masa lalu.

Dengan cara yang sama, walaupun doa kita adalah dari pemikiran kita, apabila ia telah menimbun, kita akan menerima kuasa doa dan dapat berdoa dengan cara yang disenangi Tuhan selepas pintu-pintu doa terbuka untuk kita. Kami juga akan menerima perkara-perkara yang mana kita minta kepada Tuhan pada masa lalu dan menyedari bahawa Dia tidak pernah mengabaikan walaupun satu perkara remeh dalam doa kita.

Lebih-lebih lagi, apabila kita berdoa dalam roh dalam kepenuhan Roh Kudus, kita tidak akan menjadi lesu atau tunduk kepada rasa mengantuk atau pemikiran duniawi, sebaliknya berdoa dengan iman dan dalam kegembiraan. Ini adalah cara sekumpulan orang boleh berdoa dalam persetujuan untuk mereka berdoa dalam roh dan cinta dengan satu fikiran dan satu kehendak.

Kita baca dalam kedua ayat-ayat di mana Bab ini adalah asasnya, "Kerana apabila dua atau tiga telah berkumpul bersama-sama dengan nama-Ku, Aku ada di tengah-tengah mereka" (Matius 18:20). Apabila orang datang bersama-sama untuk berdoa dalam nama Yesus Kristus, anak-anak Tuhan yang telah menerima Roh Kudus adalah dasar bagi berdoa dalam persetujuan, dan sesungguhnya Tuhan kita akan hadir di mana mereka berada. Dalam erti kata lain, apabila sekumpulan orang yang telah menerima Roh Kudus berkumpul dan berdoa dalam persetujuan, Tuhan kita akan menyelia fikiran setiap orang, menyatukan mereka dengan Roh Kudus, dan membawa mereka untuk menjadi satu fikiran supaya doa mereka akan disenangi oleh Tuhan kita.

Walau bagaimanapun, jika sekumpulan orang tidak boleh datang bersama-sama dan menjadi sehati, Kumpulan secara keseluruhannya tidak boleh berdoa dalam perjanjian atau berdoa dari hati setiap peserta walaupun mereka berdoa untuk matlamat yang sama kerana hati seorang peserta tidak ada di dalam perjanjian dengan ahli kumpulan yang lain. Jika hati orang yang hadir tidak boleh bersatu, ketua yang patut mengetuai sewaktu pujian dan taubat supaya hati orang yang berkumpul boleh menjadi satu dalam Roh Kudus.

Tuhan kita akan bersama manusia berdoa apabila mereka

menjadi satu dalam Roh Kudus, kerana Dia menyelia dan membawa hati setiap individu ke dalam penyertaan. Apabila doa manusia tidak berada dalam perjanjian, ia perlu difahami bahawa Tuhan kita tidak dapat bersama individu tersebut.

Apabila orang menjadi satu dalam Roh Kudus dan berdoa dalam perjanjian, semua orang akan berdoa dari hatinya, penuh dengan Roh Kudus, peluh dari badan-badan mereka, dan menjadi pasti dengan jawapan Tuhan yang mana mereka minta sebagai tiupan kegembiraan dari atas menyelubungi mereka. Tuhan kita akan bersama orang yang berdoa seperti itu, dan doa itu sangat disenangi Tuhan.

Dengan berdoa dalam persetujuan dengan kepenuhan Roh Kudus dan dari hati anda, saya berharap kamu semua akan menerima apa-apa yang kamu minta dalam doa dan dengan itu memberikan kemuliaan kepada Tuhan apabila anda berkumpul dengan orang lain daripada sel atau kumpulan anda serta di rumah atau gereja .

Kehebatan Kuasa Doa dalam Persetujian

Salah satu kelebihan doa dalam perjanjian adalah perbezaan dalam kelajuan di mana orang menerima jawapan daripada Tuhan dan jenis kerja yang Dia tunjukkan, sebagai contoh, terdapat perbezaan yang drastik dalam kuantiti doa antara doa 30 minit bagi satu orang dengan satu permintaan dan doa 30 minit bagi sepuluh orang dengan permintaan yang sama. Apabila orang berdoa dalam perjanjian dan Tuhan senang untuk menerima doa mereka, mereka akan mengalami manifestasi kerja Tuhan yang tidak dapat disangkal dan kuasa besar doa mereka.

Dalam Kisah 1:12-15, kita dapati bahawa selepas Tuhan kita dibangkitkan dan naik ke syurga sekumpulan orang termasuk murid-Nya bersama-sama sentiasa dalam doa. Bilangan orang dalam kumpulan itu adalah kira-kira seratus dua puluh. Dengan harapan yang sungguh-sungguh bagi menerima Roh Kudus yang Yesus telah janjikan kepada mereka, orang-orang berkumpul untuk berdoa dalam perjanjian sehingga hari Pentakosta.

Ketika tiba hari Pentakosta tiba, mereka berkumpul di satu tempat. Dan tiba-tiba datang dari langit bunyi seperti angin bertiup ganas, dan ia memenuhi seluruh rumah di mana mereka duduk. Dan tmuncullah kepada mereka lidah-lidah seperti nyala api yang mengedarkan diri mereka sendiri, dan mereka berhenti pada setiap seorang daripada mereka. Dan mereka semua penuh dengan Roh Kudus, lalu mereka berkata-kata dengan bahasa-bahasa lain, kerana Roh itu memberikan mereka untuk mengatakannya (Kisah 2:1-4).

Betapa ajaibnya kerja Tuhan ini Sebagaimana mereka berdoa dalam persetujuan, setiap satu daripada seratus dua puluh orang berkumpul menerima Roh Kudus, lalu mereka berkata-kata dalam bahasa-bahasa lain. Para rasul juga menerima kuasa yang besar daripada Tuhan supaya bilangan orang yang menerima Yesus Kristus melalui mesej Petrus dan telah dibaptiskan berjumlah hampir tiga ribu (Kisah 2:41). Seperti semua jenis mukjizat dan tanda diperlihatkan oleh para rasul, jumlah mereka yang beriman meningkat hari demi hari dan kehidupan orang-orang beriman mula berubah (Kisah Para Rasul 2:43-47).

Sekarang kerana mereka [raja-raja dan para tua-tua serta ahli Taurat] memerhatikan keyakinan Petrus dan Yohanes serta memahami bahawa mereka adalah orang-orang yang tidak berpendidikan dan tidak terlatih, mereka hairan, dan mula mengenali mereka sebagai orang yang bersama dengan Yesus. Dan melihat orang yang baru disembuhkan berdiri bersama mereka, mereka tidak mempunyai apa-apa untuk dikatakan (Kis 4:13-14).

Di tangan para rasul banyak tanda-tanda dan keajaiban telah berlaku di kalangan rakyat; dan mereka semua dengan satu kenyataan di serambi Salomo. Tetapi tidak seorang pun yang lain berani untuk bergaul dengan mereka; Walau bagaimanapun, rakyat melihat mereka dengan pandangan yang tinggi. Dan semua lebih beriman dalam Tuhan, ramai orang lelaki dan wanita, sentiasa bertambah bilangan mereka, sehingga tahap yang menyebabkan bahawa mereka juga membawa orang sakit keluar ke jalan-jalan dan meletakkan mereka di atas katil-katil bayi dan tilam, supaya, apabila Petrus datang, sekurang-kurangnya bayang-bayang itu mungkin jatuh pada salah satu di antara mereka. Tambahan lagi orang-orang dari bandar-bandar di sekitar Yerusalem akan datang bersama-sama, membawa orang yang sakit atau ditimpa roh-roh jahat, dan mereka semua disembuhkan (Kis 5:12-16).

Ia adalah kuasa doa dalam perjanjian yang membolehkan para rasul untuk berani memberitakan Firman, menyembuhkan orang buta, orang cacat, dan yang lemah, menghidupkan orang mati, menyembuhkan segala macam penyakit, dan mengusir roh-roh jahat.

Berikut adalah kisah Petrus pada masa yang dia dipenjarakan semasa pemerintahan Herod (Agrippa I) yang ditandakan terutamanya oleh penganiayaan beliau mengenai agama Kristian. Dalam Kisah 12:5 kita dapati, "Demikianlah Petrus ditahan di penjara, tetapi doa untuknya telah dibuat bersungguh-sungguh oleh gereja kepada Tuhan." Ketika Petrus sedang tidur, diikat dengan dua rantai, gereja berdoa dalam persetujuan untuk Petrus. Selepas Tuhan mendengar doa gereja, Dia menghantar malaikat untuk menyelamatkan Petrus.

Malam sebelum Herodes ingin membawa Petrus ke mahkamah, rasul itu diikat dengan dua rantai dan tidur manakala pengawal berkawal di pintu masuk (Kisah Para Rasul 12:6). Namun, Tuhan menunjukkan kuasa-Nya dengan membuka rantai dan menjadikan pintu besi penjara itu terbuka dengan sendirinya (Kisah Para Rasul 12:7-10). Apabila tiba di rumah Maria ibu Yohanes, juga dikenali sebagai Mark, Petrus mendapati bahawa ramai orang telah berkumpul dan berdoa untuk dirinya (Kis 12:12). Apa-apa kerja yang ajaib adalah hasil daripada kuasa doa gereja dalam persetujuan.

Semua gereja lakukan untuk membebaskan Petrus adalah berdoa dalam perjanjian. Begitu juga, apabila masalah menyelubungi gereja atau apabila penyakit menyerang orang yang beriman, dan bukannya menggunakan pemikiran dan cara manusia atau menjadi bimbang dan menjadi cemas, anak-anak Tuhan mesti percaya bahawa Dia akan menyelesaikan semua masalah di tangan mereka dan bersatu dalam fikiran dan berdoa dalam persetujuan.

Tuhan meminati akan doa gereja dalam persetujuan, gembira dengan doa dalam persetujuan, dan menjawab doa itu dengan kerja-kerja-Nya yang ajaib. Bolehkah anda bayangkan betapa gembira Tuhan melihat anak-anak-Nya berdoa dalam persetujuan untuk kerajaan dan kebenaran-Nya?

Sebagai orang menjadi penuh dengan Roh Kudus dan berdoa dengan semangat mereka apabila mereka datang bersama-sama untuk berdoa dalam perjanjian, mereka akan merasakan kerja Tuhan yang besar. Mereka akan menerima kuasa untuk hidup dengan Firman Tuhan, menjadi saksi kepada Tuhan yang hidup seperti gereja awal dan rasul lakukan, mengembangkan kerajaan Tuhan, dan menerima apa sahaja yang mereka minta.

Perlu diingat bahawa Tuhan kita telah berjanji bahawa Dia akan menjawab apabila kita meminta dan berdoa dalam persetujuan. Semoga kamu semua benar-benar memahami kepentingan doa dalam persetujuan dan bersemangat bertemu dengan orang-orang yang berdoa dalam nama Yesus Kristus, supaya kamu yang pertama akan mempunyai pengalaman kuasa besar doa dalam perjanjian, menerima kuasa doa, dan menjadi seorang pekerja yang berharga dan memberi kesaksian kepada Tuhan yang hidup, dalam nama Tuhan aku berdoa!

Bab 7

Sentiasa Berdoa dan Tidak Mengaku Kalah

Kini Dia telah memberitahu mereka suatu perumpamaan untuk
menunjukkan bahawa setiap masa mereka sepatutnya berdoa
dan tidak berputus asa, dengan mengatakan,
"Dalam suatu kota: terdapat seorang hakim
yang tidak takut akan Tuhan dan tidak menghormati manusia.
Terdapat seorang janda di bandar itu,
dan dia selalu datang kepada hakim, dengan berkata,
Berilah aku perlindungan undang-undang dari pihak lawan. '
Untuk beberapa lama dia tidak mahu membantu;
tetapi kemudian ia berkata kepada dirinya sendiri,
'Walaupun aku tidak takut akan
Tuhan dan tidak menghormati manusia,
namun kerana janda ini merunsingkan aku,
Aku akan memberikan perlindungan undang-undang,
jika tidak, dengan terus-menerus
datang dia akan meletihkan aku. "
Dan Tuhan berkata,
"Dengarlah apa yang dikatakan hakim yang tidak beriman itu;
sekarang, apakah Tuhan tidak akan
membawa keadilan pilihan-Nya
yang berseru kepada-Nya siang dan malam,
dan Dia akan melambatkan ke atas mereka?
Aku berkata kepadamu bahawa akan membawa keadilan kepada
mereka dengan cepat. "

(Lukas 18:1-8)

1. Perumpamaan tentang Janda yang Gigih

Apabila Yesus mengajar Firman Tuhan kepada orang ramai, Dia tidak berkata-kata kepada mereka tanpa perumpamaan (Markus 4:33-34). "Perumpamaan tentang Janda yang Gigih" yang mana berdasarkan Bab ini menunjukkan kepada kita tentang kepentingan doa yang gigih, bagaimana untuk sentiasa berdoa, dan bagaimana untuk tidak berputus-asa.

Sejauh manakah kecekalan anda untuk berdoa bagi menerima jawapan Tuhan? Adakah anda sedang berehat daripada berdoa atau anda berputus asa kerana Tuhan masih belum menjawab doa anda?

Dalam hidup ada masalah dan isu-isu kecil dan besar yang tidak terkira banyaknya. Apabila kita menginjil orang dan memberitahu mereka Tuhan yang hidup, ada yang mencari Tuhan mula menghadiri gereja untuk menyelesaikan masalah mereka dan lain-lain datang untuk sekadar mencari ketenangan dalam hati mereka.

Tanpa mengira sebab-sebab yang orang mula menghadiri gereja, kerana mereka menyembah Tuhan dan menerima Yesus Kristus, mereka mengetahui bahawa mereka, sebagai anak-anak Tuhan, boleh menerima apa-apa yang mereka minta dan berubah menjadi orang-orang yang berdoa.

Oleh itu, semua anak-anak Tuhan mesti belajar melalui Firman-Nya jenis doa yang Dia suka, berdoa mengikut keperluan doa, dan mempunyai keimanan untuk tabah dan berdoa sehingga mereka menerima jawapan Tuhan. Inilah sebabnya mengapa manusia yang beriman sedar akan kepentingan sembahyang dan berdoa secara lazim. Mereka tidak melakukan dosa berhenti berdoa walaupun mereka tidak menerima jawapan dengan segera. Mereka tidak mengalah, sebaliknya mereka berdoa dengan lebih tekun.

Hanya dengan iman itu boleh orang menerima jawapan Tuhan dan memuliakan-Nya. Namun, walaupun ramai orang yang mengaku percaya, ia adalah sukar untuk mencari orang yang mempunyai iman sebesar ini. Inilah sebabnya mengapa Tuhan kita merungut dan bertanya, "Walau bagaimanapun, jika Anak Manusia itu datang, adalah Dia akan menemui iman di bumi?"

Di sebuah bandar tertentu terdapat seorang hakim yang tidak bermoral, dan seorang janda yang selalu datang kepadanya dan memohon: "Berilah aku perlindungan undang-undang dari pihak lawan aku." Hakim yang tidak telus ini menjangkakan rasuah tetapi janda yang miskin tidak dapat mampu memberikan tanda penghargaan untuk kepada hakim. Namun, janda itu terus datang kepada hakim dan merayu kepada hakim dan hakim terus menolak permintaannya. Kemudian pada satu hari, dia berubah hati. Kamu tahu kenapa? Dengar apa yang dikatakan oleh hakim yang tidak bermoral ini berkata kepada dirinya sendiri:

"Walaupun aku tidak takut akan Tuhan dan tidak menghormati manusia, namun kerana janda ini mengganggu aku, aku akan memberikan perlindungan undang-undang, jika tidak, dengan terus-menerus datang dia akan memakai mengangguku." (Lukas 18:4-5)

Oleh kerana janda tidak pernah berputus asa dan terus datang kepadanya dengan permintaannya, hakim yang jahat ini pun hanya boleh tunduk kepada kehendak seorang janda yang selalu mengganggu dia.

Pada akhir perumpamaan yang Yesus gunakan untuk memberikan kunci bagi menerima jawapan Tuhan, Dia membuat kesimpulan, "Dengarlah apa yang dikatakan hakim tidak beriman ini; sekarang, apakah Tuhan tidak akan membawa keadilan pilihan-Nya yang berseru kepada-Nya siang dan malam, dan Dia akan melambatkannya ke atas mereka? Aku berkata kepadamu bahawa akan membawa keadilan kepada mereka dengan cepat."

Jika seorang hakim yang tidak bermoral mendengar rayuan seorang janda, mengapa Tuhan yang benar tidak menjawab apabila anak-Nya berdoa kepada-Nya? Jika mereka bersumpah untuk menerima jawapan bagi masalah tertentu dengan cepat, berjaga sepanjang malam, dan bersungguh-sungguh dalam doa, mustahil Tuhan tidak menjawab mereka dengan cepat? Saya pasti ramai daripada anda telah mendengar daripada contoh di mana orang menerima jawapan-Nya semasa tempoh berikrar doa.

Dalam Mazmur 50:15 Tuhan memberitahu kita, "Panggil

kepada-Ku pada waktu kesesakan; Aku akan menyelamatkan engkau, dan engkau akan memuliakan Aku." Dalam erti kata lain, Tuhan menghendaki kita untuk memuliakan-Nya dengan menjawab doa kita. Yesus mengingatkan kita dalam Matius 07:11, "Jadi jika kamu yang jahat tahu memberi pemberian yang baik kepada anak-anakmu, apatah lagi Bapamu yang di syurga! Ia akan memberikan yang baik kepada mereka yang meminta kepada-Nya!" Bagaimanakah Tuhan, yang tanpa tempahan boleh memberikan kita satu-satu Anak-Nya untuk mati untuk kita, tidak menjawab doa anak-anak yang dikasihi-Nya? Tuhan ingin memberi jawapan dengan segera kepada anak-anak-Nya yang mengasihi Dia.

Namun, mengapa begitu ramai orang mengatakan mereka tidak mendapat jawapan-Nya walaupun mereka berdoa? Firman Tuhan memberitahu kita dalam Matius 7:7-8, "Mintalah, maka kalian akan menerima; carilah, maka kalian akan mendapat; ketuklah, maka pintu akan dibukakan untukmu. Kerana orang yang minta akan menerima, orang yang mencari akan mendapat, dan orang yang mengetuk, akan dibukakan pintu." Itulah sebab ianya mustahil bagi doa kita tidak dijawab. Namun, Tuhan tidak dapat menjawab doa kita kerana dinding menghalang jalan kita kepada-Nya, kerana kita tidak berdoa dengan mencukupi, atau kerana masa masih belum tiba untuk kita menerima jawapan-Nya.

Kita harus berdoa selalu tanpa memberi kerana apabila kita bersabar dan terus berdoa dengan iman, Roh Kudus air mata ke bawah dinding yang berdiri di antara Tuhan dan kita dan membuka jalan kepada jawapan Tuhan melalui taubat. Apabila jumlah doa kita cukup di mata Tuhan, Dia pasti akan menjawab kita.

Dalam Lukas 11:5-8, Yesus mengajar kita sekali lagi pada ketabahan dan desakan:

Jika seorang di antara kamu mempunyai rakan, dan pergi kepadanya pada tengah malam dan berkata kepada-Nya: "Hai saudara, pinjamkanlah kepadaku tiga roti; untuk seorang kawan aku telah datang kepadaku dari perjalanan, dan aku tidak mempunyai apa-apa untuk dihidangkan kepadanya "; dan dari dalam rumah dia menjawab dan berkata, "Jangan ganggu aku; pintu telah ditutup dan anak-anak aku dan aku sudah tidur; Aku tidak dapat bangun dan memberikan apa-apa kepada kamu. " Aku berkata kepadamu, walaupun dia tidak mahu bangun dan memberikan kepadanya kerana orang itu adalah sahabatnya, namun kerana kegigihan dia, ia akan bangun juga dan memberikan kepadanya sebanyak mana yang diperlukan.

Yesus mengajar kita bahawa Tuhan tidak menolak tetapi menjawab desakan anak-Nya. Apabila kita berdoa kepada Tuhan, kita harus berdoa dengan berani dan dengan ketabahan. Ia tidak bermakna anda hanya menuntut tetapi berdoa dan meminta dengan rasa keyakinan dengan iman. Alkitab sering menyebut banyak nenek moyang yang beriman menerima jawapan dengan doa tersebut.

Selepas Yakub bergumul dengan malaikat yang di pinggir sungai Yabok hingga fajar, dia bersungguh-sungguh berdoa dan membuat permintaan yang kukuh untuk berkat, katanya: "Aku tidak akan membiarkan engkau pergi, jika engkau tidak memberkati aku" (Kejadian 32:26), dan Tuhan membenarkan keberkatan Yakub. Dari itu titik di atas, Yakub dipanggil "Israel" dan menjadi bapa pengasas Israel.

Dalam Matius 15, seorang perempuan Kanaan yang anaknya mengalami rasukan syaitan datang kepada Yesus dan berseru kepada-Nya, "Kasihanilah aku, ya Tuhan, Anak Daud; anak perempuanku dirasuk oleh syaitan dengan kejam. " Tetapi, Yesus tidak mengatakan apa-apa (Matius 15:22-23). Apabila seorang wanita itu datang untuk kali kedua, berlutut di hadapan-Nya, dan memohon kepada-Nya, Yesus hanya berkata, "Aku diutus hanya kepada domba-domba yang hilang dari umat Israel," dan menolak permintaan wanita itu (Matius 15:25-26). Ketika perempuan itu mendesak Yesus sekali lagi, "Ya, Tuhan; tetapi anjing pun makan sisa yang jatuh dari meja tuannya ", maka kata Yesus kepadanya, "Hai perempuan, besarlah imanmu; ia hendaklah dilakukan untuk kamu seperti yang kamu mahu "(Matius 15:27-28).

Begitu juga, kita perlu mengikuti jejak langkah iman nenek moyang kita menurut Firman Tuhan dan sentiasa berdoa. Dan kita harus berdoa dengan iman, dengan rasa kepastian, dengan hati yang bersungguh-sungguh. Dengan beriman kepada Tuhan kita yang membolehkan kita untuk meraih pada masa yang betul, kita mesti menjadi pengikut Kristus yang sejati dalam kehidupan doa tanpa berputus asa.

2. Sebab Kita perlu Sentiasa Berdoa

Sama seperti lelaki tidak dapat mengekalkan kehidupan tanpa bernafas, anak-anak Tuhan yang telah menerima Roh Kudus tidak dapat mencapai hidup yang kekal tanpa berdoa. Doa adalah berdialog dengan Tuhan yang hidup dan nafas roh kita. Jika anak-anak Tuhan yang telah menerima Roh Kudus tidak berkomunikasi dengan-Nya, mereka yang dapat memadamkan api Roh Kudus dan dengan itu tidak lagi akan dapat berjalan di atas jalan kehidupan bahkan sesat ke jalan kematian, akhirnya gagal mencapai keselamatan.

Namun, bagi solat menetapkan komunikasi dengan Tuhan, kita akan tiba pada keselamatan kerana kita mendengar suara Roh Kudus dan belajar serta hidup mengikut kehendak Tuhan. Walaupun masalah datang di jalan kita, Tuhan akan memberikan kita cara untuk mengelakkannya. Dia juga akan bekerjasama untuk kebaikan kita dalam segala sesuatu. Dengan berdoa kita juga akan mengalami kuasa Tuhan Yang Maha Kuasa yang memberi kekuatan kepada kita untuk menghadapi dan mengatasi syaitan, dengan itu memberikan kemuliaan kepada-Nya dengan iman kukuh yang membenarkan kita membuat perkara yang mustahil menjadi tidak mustahil.

Oleh itu, Al kitab memerintahkan kita untuk berdoa tanpa henti (1 Tesalonika 5:17) dan ini adalah "kehendak Tuhan" (1 Tesalonika 5:18). Yesus menjadi contoh doa yang betul untuk kita dengan berdoa secara berterusan mengikut kehendak Tuhan tanpa mengira masa dan tempat. Dia berdoa di padang pasir, di atas gunung, dan banyak tempat-tempat lain, berdoa pada waktu subuh dan waktu malam.

Dengan berdoa terus-menerus, iman nenek moyang kita hidup dengan kehendak Tuhan. Nabi Samuel memberitahu kita, "Selain itu, bagi saya, jauhlah daripadaku berbuat dosa ini kepada TUHAN dengan berhenti mendoakan kamu; aku akan mengajarkan kepadamu jalan yang baik dan lurus "(1 Samuel 12:23). Doa adalah kehendak Tuhan dan perintah-Nya; Samuel memberitahu kita bahawa berhenti berdoa merupakan satu dosa.

Apabila kita tidak berdoa atau berehat seketika dari kehidupan doa kita, fikiran duniawi menyusup masuk ke minda kita dan menghalang kita daripada hidup dengan kehendak Tuhan, seterusnya menghadapi masalah yang sukar kerana kita tanpa perlindungan Tuhan. Oleh itu, apabila orang jatuh ke dalam godaan mereka bersungut-sungut terhadap Tuhan atau semakin sesat dari jalan-Nya.

1 Petrus 5:8-9 mengatakan, ""Jadi semangat yang tenang, berjaga-jaga.. Lawanmu, si Iblis, berjalan di keliling sama seperti singa yang mengaum dan mencari orang yang dapat ditelannya. Lawanlah dia dengan iman yang teguh, sebab kamu tahu, bahawa semua saudaramu di seluruh dunia menanggung

penderitaan yang sama" dan menggesa kita untuk sentiasa berdoa. Marilah kita berdoa bukan sahaja apabila ada masalah tetapi pada setiap masa, supaya kita akan menjadi anak-anak Tuhan yang diberkati yang segala urusan hidupnya berjalan lancar.

3. Pada Waktu yang Sesuai Kami Akan Menuai Hasil

Galatia 6: 9 berbunyi, "Janganlah kita berputus asa dalam melakukan kebaikan, kerana dalam masa yang sewajarnya kita akan menuai jika kita tidak jemu." Hal ini sama dengan berdoa. Apabila kita berdoa, sentiasa mengikut kehendak Tuhan tanpa berputus asa dan apabila masa yang sesuai tiba, kita akan menuai hasilnya.

Jika seorang petani hilang sabar selepas menanam benih dan mengorek benih dari tanah, atau jika dia tidak menjaga percambahan dan tunggu, apa tujuan untuk menuai tanaman itu? Sehingga kita menerima jawapan kepada doa kita, dedikasi dan ketekunan adalah perlu.

Selain itu, masa penuaian berbeza mengikut jenis benih yang ditanam. Sesetengah benih membuahkan hasil dalam beberapa bulan manakala yang lain boleh mengambil beberapa tahun. Sayur-sayuran dan gandum dibawa lebih mudah daripada epal atau apa-apa herba luar biasa seperti ginseng. Bagi tanaman yang lebih berharga dan mahal, lebih banyak masa dan dedikasi perlu diberikan.

Anda perlu sedar bahawa lebih banyak doa diperlukan untuk masalah yang lebih besar dan lebih serius yang mana anda berdoa. Apabila Nabi Daniel melihat penglihatan mengenai masa depan Israel, dia berkabung selama tiga minggu, dan berdoa, Tuhan mendengar doa Daniel pada hari pertama dan menghantar malaikat untuk memastikan nabi mengetahui mengenai perkara itu (Daniel 10:12). Walau bagaimanapun, sebagai penguasa di udara menentang malaikat dua puluh satu hari, malaikat itu dapat datang ke Daniel pada hari terakhir, dan barulah Daniel mengetahuinya dengan pasti (Daniel 10:13-14).

Apa yang akan berlaku jika Daniel telah berputus asa dan berhenti berdoa? Walaupun dia menjadi tertekan dan hilang kekuatan selepas melihat penglihatan itu, Daniel menekankan hal itu dalam doa dan akhirnya menerima jawapan Tuhan.

Apabila kita tabah dengan iman dan berdoa sehingga kita menerima jawapan-Nya, Tuhan memberikan penolong kepada kita dan membawa kita kepada jawapan-Nya. Sebab itulah malaikat yang membawa jawapan Tuhan kepada nabi Daniel, "Tetapi Pemimpin kerajaan Persia berdiri menahan saya untuk dua puluh satu hari; maka sesungguhnya Mikhael, salah seorang dari pemimpin-pemimpin terkemuka, datang menolong aku, dan aku ditinggalkan di sana bersama raja-raja Persia. Sekarang aku telah datang untuk memberi kau pemahaman tentang apa yang akan berlaku kepada bangsamu di kemudian hari, sebab hal itu mengenai masa akan datang "(Daniel 10:13-14).

Apakah jenis masalah yang membuatkan anda berdoa?

Adakah doa anda doa yang mencapai takhta Tuhan? Untuk memahami visi yang Tuhan telah tunjukkan kepada Daniel, dia memutuskan untuk merendahkan dirinya kerana dia tidak makan apa-apa makanan yang enak, daging dan anggur tidak memasuki mulutnya, dia juga tidak menggunakan sebarang salap sehingga tiga minggu telah selesai (Daniel 10:3). Seperti mana Daniel merendahkan diri untuk tiga minggu dalam doa berikrar, Tuhan mendengar doanya dan tidak menjawab pada hari pertama.

Di sini, beri perhatian kepada fakta bahawa semasa Tuhan mendengar doa Daniel dan menjawab nabi tersebut pada hari pertama, ia mengambil masa tiga minggu bagi jawapannya sampai kepada Daniel. Ramai orang, apabila menghadapi masalah yang serius, cuba berdoa untuk satu atau dua hari dan cepat berputus asa. Amalan seperti itu menunjukkan keimanannya yang lemah.

Apa yang kita benar-benar perlukan dalam generasi kita hari ini adalah hati yang hanya beriman kepada Tuhan yang pasti menjawab kita, bersabar dan berdoa, tanpa mengira masa ketibaan jawapan Tuhan. Bagaimana kita boleh mengharapkan untuk menerima jawapan Tuhan tanpa ketabahan?

Tuhan memberikan hujan pada masanya, kedua-dua musim hujan luruh dan hujan musim bunga, serta menetapkan masa penuaian (Yeremia 5:24). Itulah sebabnya Yesus berkata kepada kami, "Kerana itu Aku berkata kepadamu, semua perkara yang kamu doakan dan minta, percaya bahawa kamu telah menerimanya, dan ia akan diberikan kamu" (Markus 11:24).

Bagi Daniel percaya kepada Tuhan yang menjawab doa, dia tabah dan tidak berehat daripada berdoa sehingga dia menerima jawapan Tuhan.

Alkitab memberitahu kita, "Iman adalah jaminan perkara yang diharapkan, sabitan perkara yang tidak dilihat" (Ibrani 11:1). Jika ada manusia yang berputus asa berdoa kerana dia belum menerima jawapan Tuhan, dia tidak boleh menganggap dia mempunyai iman atau dia akan menerima jawapan Tuhan. Jika dia mempunyai iman yang benar, dia tidak akan terpengaruh dalam keadaan semasa tetapi sebaliknya berdoa secara berterusan tanpa putus asa. Ini kerana dia percaya bahawa Tuhan, yang membolehkan kita untuk meraih hasil dan membalas kita kerana perkara yang telah kita lakukan, pasti akan menjawabnya.

Seperti Efesus 5: 7-8 berbunyi, "Oleh itu janganlah kamu berkawan dengan mereka; kerana kamu dahulu kegelapan, tetapi sekarang kamu adalah Cahaya di dalam Tuhan; berjalan seperti kanak-kanak Cahaya, "moga kamu masing-masing memiliki iman yang benar, tabah dalam doa kepada Tuhan Yang Maha Kuasa, dan menerima segala-galanya yang kamu minta dalam doa, dan menjalani kehidupan yang penuh berkat Tuhan, dengan nama Tuhan kita Yesus Kristus aku berdoa!

Penulis:
Dr. Jaerock Lee

Dr. Jaerock Lee dilahirkan di Muan, Wilayah Jeonnam, Republik Korea, pada tahun 1943. Dalam usia 20-an, Dr. Lee menderitai pelbagai penyakit yang tidak dapat disembuhkan selama tujuh tahun dan menunggu kematian tanpa harapan untuk sembuh. Suatu hari dalam musim bunga tahun 1974, beliau dibawa ke sebuah gereja oleh kakaknya dan apabila beliau melutut untuk berdoa, Tuhan yang Maha Hidup menyembuhkan semua penyakitnya dengan serta-merta.

Sejak Dr. Lee bertemu Tuhan yang Maha Hidup melalui pengalaman menakjubkan ini, beliau mencintai Tuhan dengan sepenuh hati dan keikhlasan, dan pada tahun 1978, beliau telah terpanggil untuk menjadi hamba Tuhan. Beliau berdoa dengan khusyuk dan berpuasa supaya dapat memahami dengan jelas kehendak Tuhan, dan mencapai tahap ini serta mematuhi semua Firman Tuhan. Pada tahun 1982, beliau mengasaskan Gereja Besar Manmin di Seoul, Korea, dan menjalankan banyak kerja Tuhan, termasuklah penyembuhan dan mukjizat, semuanya berlaku di gereja ini.

Pada 1986, Dr. Lee telah ditahbiskan sebagai paderi pada Perhimpunan Tahunan Yesus Gereja Sungkyul di Korea, dan empat tahun selepas itu, pada tahun 1990, khutbahnya mula disiarkan di Australia, Rusia dan Filipina. Dalam masa yang singkat lebih banyak negara dapat dicapai melalui Far East Broadcasting Company, Asia Broadcast Station, dan Washington Christian Radio System.

Tiga tahun selepas itu, pada tahun 1993, Gereja Besar Manmin telah dipilih sebagai "50 Gereja Teratas Dunia" oleh majalah Christian World (AS) dan beliau menerima Ijazah Kedoktoran Kehormat Kesucian dari Kolej Keimanan Kristian, Florida, AS, dan PhD pada tahun 1996 dalam bidang Penyebaran Agama, oleh Seminari Teologi Kingsway, Iowa, AS.

Sejak 1993, Dr. Lee telah menerajui misi dunia melalui banyak perjuangan ke luar negara seperti ke Tanzania, Argentina, L.A., Baltimore, Hawaii, dan New York di AS, Uganda, Jepun, Pakistan, Kenya, Filipina, Honduras, India, Rusia, Jerman, Peru, Republik Demokratik Congo, dan Israel dan Estonia.

Pada tahun 2002, beliau diakui sebagai "tokoh kebangkitan sedunia" atas dakwahnya yang berkesan dalam banyak misi mubaligh antarabangsa, oleh akhbar Kristian utama di Korea. Yang diberi tumpuan ialah 'Perhimpunan New York 2006' yang diadakan di Madison Square Garden, arena paling terkenal di dunia. Acara ini disiarkan ke 220 negara, dan dalam 'Perhimpunan Bersatu Israel 2009', yang diadakan di Pusat Konvensyen Antarabangsa (ICC) di Jerusalem, beliau dengan berani mengakui bahawa Yesus Kristus ialah Al-Masih dan Penyelamat.

Ceramahnya ditayangkan kepada 176 negara melalui satelit termasuklah GCN TV dan dia tersenarai sebagai '10 Pemimpin Kristian Paling Berpengaruh' pada tahun 2009 dan 2010 oleh majalah Kristian Rusia In Victory dan agensi berita Christian Telegraph bagi siaran khutbah TVnya yang berkuasa dan khutbah gereja-paderi di luar negara.

Sehingga bulan Mei 2013, Gereja Besar Manmin mempunyai ahli kariah seramai 120,000 orang. Terdapat 10,000 cawangan gereja di dalam dan luar negara di seluruh dunia termasuk 56 cawangan gereja tempatan, dan setakat ini lebih 129 misi mubaligh telah dihantar ke 23 negara, termasuklah Amerika Syarikat, Rusia, Jerman, Kanada, Jepun, China, Perancis, India, Kenya dan banyak lagi.

Sehingga tarikh penerbitan ini, Dr. Lee telah menulis 85 buah buku, termasuklah jualan terlaris seperti Tasting Eternal Life before Death, My Life My Faith I & II, The Message of the Cross, The Measure of Faith, Heaven I & II, Hell, Awaken, Israel!, dan The Power of God. Hasil karyanya telah diterjemahkan ke dalam lebih daripada 75 bahasa.

Kolum Kristiannya muncul di The Hankook Ilbo, The JoongAng Daily, The Chosun Ilbo, The Dong-A Ilbo, The Munhwa Ilbo, The Seoul Shinmun, The Kyunghyang Shinmun, The Korea Economic Daily, The Korea Herald, The Shisa News, dan The Christian Press.

Dr. Lee kini merupakan pemimpin banyak organisasi dan persatuan Kristian. Kedudukan ini termasuklah: Pengerusi, Gereja Penyatuan Suci Yesus Kristus; Presiden, Misi Dunia Manmin; Presiden Tetap, Persatuan Misi Kebangkitan Kristian Dunia; Pengasas & Pengerusi Lembaga, Global Christian Network (GCN); Pengasas & Pengerusi Lembaga, Jaringan Doktor Kristian Sedunia (WCDN); dan Pengasas & Pengerusi Lembaga, Seminari Antarabangsa Manmin (MIS).

Buku-buku lain yang hebat dari penulis yang sama

Syurga I & II

Jemputan ke Bandar Suci Baitulmuqaddis Baru, yang mana 12 pintu pagarnya diperbuat daripada mutiara yang bergemerlapan, di tengah-tengah Syurga yang luas dan bersinar seperti permata berharga.

Tujuh Gereja

Mesej Tuhan untuk membangkitkan penganut dan gereja daripada tidur rohani, yang dihantar ke tujuh gereja yang dicatatkan dalam Wahyu bab 2 dan 3, yang merujuk kepada semua gereja Tuhan

Neraka

Mesej kepada semua manusia dari Tuhan, yang tidak mahu walau satu jiwa pun masuk ke Neraka! Anda akan mengetahui perkara yang tidak pernah diterangkan di mana-mana sebelum ini tentang penderitaan di Neraka.

Merasai Kehidupan Abadi Sebelum Kematian

Buku ini merupakan memoir testimoni Dr. Jaerock Lee, yang dilahirkan semula dan diselamatkan dari jurang bayang-bayang dan kini hidup dengan cara Kristian yang sempurna.

Ukuran Iman

Apakah tempat tinggal, mahkota dan ganjaran yang disediakan untuk anda di syurga? Buku ini memberikan kebijaksanaan dan bimbingan untuk anda mengukur tahap keimanan dan memupuk keimanan yang terbaik dan matang.

Bangkitlah Israel

Mengapa Tuhan memberikan perhatian kepada Israel sejak permulaan dunia sehingga ke hari ini? Apakah kehendak Tuhan bagi Israel pada akhir zaman, yang menunggu Penyelamat?

Hidup Saya Iman Saya I & II

Aroma kerohanian paling harum yang diambil dari kehidupan yang mencintai Tuhan, di tengah-tengah gelombang gelap, cabaran dan penderitaan hebat

Kuasa Tuhan

Buku yang wajib dibaca, sebagai panduan tentang cara kita boleh mendapatkan keimanan sebenar dan mengalami kuasa Tuhan yang Maha Hebat

www.urimbooks.com